인간 불평등 기원론

돋을새김 푸른책장 시리즈 **038**

인간 불평등 기원론

초판 발행 2025년 2월 5일

지은이 | 장 자크 루소
옮긴이 | 권혁
발행인 | 권오현

펴낸곳 | 돋을새김
주소 | 경기도 고양시 일산동구 하늘마을로 57-9 301호 (중산동, K시티빌딩)
전화 | 031-977-1854 팩스 | 031-976-1856
홈페이지 | http://blog.naver.com/doduls 전자우편 | doduls@naver.com
등록 | 1997.12.15. 제300-1997-140호
인쇄 | 금강인쇄(주)(031-943-0082)

ISBN 978-89-6167-358-7 (03160)
Korean Translation Copyright ⓒ 2025, 권혁

값 14,000원

돋을새김
푸른책장
시 리 즈

0 3 8

인간 불평등 기원론

장 자크 루소 지음 | **권혁** 옮김

돋을새김

* * *

생명과 자유 같은 본질적인 자연의 선물에 관해서는
상황이 다르다. 이러한 것들은 모든 사람이 누릴 수 있도록
허락된 것이며, 적어도 어떤 사람이 그것을 스스로
포기할 권리가 있는지조차 의심스럽다.

장 자크 루소(Jean Jacques Rousseau 1712~1778)

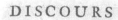

* * *

인간 불평등 기원론: 1755년에 출판한 삽화와 표지

* * *

아르메니아인의 복장을 한 루소(1766년)

루소는 《학예론》 이후 파리의 유명인사가 되었으나 그후 《인간 불평등 기원론》 《사회계약론》(1762) 《에밀》(1762) 등등의 저서가 금서로 처분되었으며 구속영장이 발부되어 파리, 제네바, 영국을 오가며 도피 생활을 해야 했다. 생활고와 함께 피해망상에 시달린 루소는 아르메니아인 복장을 하고 숨어 살기도 했다.

* * *

볼테르(Voltaire 1694~1778)

볼테르와 루소는 프랑스 계몽주의를 상징하는 《백과전서》를 함께 집필했다. 두 사람은
당시의 사회적 모순을 비판하는 데는 의견이 같았다. 그러나 루소의 자연사상을 받아
들일 수 없었던 볼테르는 루소를 심하게 비난하며 두 사람의 관계는 악화되었다.

* * *

르네 드 지라르댕(René de Girardin 1735~1808)

프랑스 귀족. 루소의 마지막 제자였다. 자신의 영지 에르메농 빌로 루소를 초대했다.
루소는 이곳에서 식물채집과 산책, 식물학에 대한 연구에 몰두했으며 1778년 죽을 때
까지 머물렀다.

* * *

에르메농 빌의 포를러 섬에 있는 루소의 묘지.

지라르댕 후작은 루소의 소설과 자연의 고귀함에 영감을 받아 그의 영지 에르메농 빌에 프랑스 최초의 정원을 조성했다. 루소가 죽은 후 정원 한가운데 루소의 묘지를 만들었다. 이후 그의 사상을 숭배하는 사람들의 순례가 이어졌으며, 프랑스 대혁명 이후 루소의 유해는 1794년 파리의 팡테옹으로 옮겨졌다.

***

루소를 기념하는 프랑스 혁명의 우화 : 18세기 유럽은 루소의 저서와 사상을 비난하며
체포령이 내려지고 금서 조치를 했다. 그러나 그의 저서에서 펼쳐진 자유, 평등, 주권
사상은 프랑스 대혁명(1789∼1794)의 근간이 되었다.

차례

훼손된 것이 아닌 자연이 잘 정리해 놓은 것에서

자연스러운 것이 무엇인지를 생각해야 한다.

— 아리스토텔레스, 정치학, I, 5.

제네바 공화국에 바치는 헌사

제네바 공화국의 위대하고 가장 존경 받는 주권자인 의원님들께, 오직 미덕을 갖춘 시민만이 조국이 인정할 수 있는 경의를 정당하게 바칠 수 있다고 확신한 저는 지난 삼십 년 동안 여러분께 공적인 존경심을 표할 자격을 갖추기 위해 노력해왔습니다. 그리고 다행스럽게도 이번 기회가 저의 노력으로 이루지 못한 부분을 어느 정도 보완해줄 것이므로 여기에서는 공식적으로 인정받기 위한 올바름보다 저를 움직이게 하는 열정을 따르는 것이 더 적절하다 믿었습니다.

운 좋게도 여러분들 사이에서 태어났기에, 자연이 인간에게 부여한 불평등과 인간이 스스로 만든 불평등에 대해 성찰하면서, 이 두 가지가 이 나라에서 얼마나 지혜롭게 결합되어 공공

질서와 개인의 행복을 유지하기 위해 사회에 가장 유리하고 자연법에 가장 가까운 방식으로 작용하는지 생각하지 않을 수 없었습니다. 정부의 구성에 관해 이성이 제시할 수 있는 최선의 원칙을 연구하던 중, 저는 이 모든 원칙이 여러분의 국가에서 구현된 것을 보고 깊은 감명을 받았습니다. 설령 제가 여러분의 도시에서 태어나지 않았더라도, 저는 인류 사회에 대한 이 그림을, 모든 민족 중에서 사회의 장점을 가장 많이 누리고 그 남용을 가장 잘 피한 것으로 보이는 여러분께 바치지 않을 수 없었을 것입니다.

만약 내가 태어날 장소를 선택해야 했다면, 인간의 능력 범위, 즉 훌륭한 통치가 가능한 정도로 그 크기가 제한된 사회를 선택했을 것입니다. 그곳에서는 각자가 자신의 역할에 적합하여, 맡은 바 책임을 다른 사람에게 위임할 필요가 없고, 모든 개인이 서로를 알고 있어 악덕의 음흉한 행위나 미덕의 겸손함이 대중의 시선과 판단에서 벗어날 수 없는 나라를 원했을 것입니다. 또한, 서로를 만나며 알고 지내는 이 달콤한 습관이 단순히 영토에 대한 사랑이 아니라 조국에 대한 사랑과 시민에 대한 사랑이 되도록 했을 것입니다.

저는 주권자와 국민이 오직 하나의 동일한 이익만을 가질 수 있는 나라에서 태어나고 싶었을 것입니다. 그렇게 함으로써 국가의 모든 움직임이 전체적인 행복 외에는 아무 것도 추구하지 않게 되며, 이는 국민과 주권자가 동일한 존재가 아니면 불가능하기 때문에, 결국 저는 현명하게 조절된 민주 정부 아래에서 태어나기를 바랐을 것입니다.

저는 자유롭게 살고 자유롭게 죽기를 원했을 것입니다. 그것은 나 자신이나 다른 누구도 그 명예로운 멍에를 벗어던질 수 없을 정도로 충분히 법에 복종하는 삶입니다. 그 유익하고 온화한 명예로운 멍에는 다른 어떤 멍에도 지지 않도록 만들어졌기 때문에 자부심이 가장 강한 사람들조차 더욱 순순히 받아들이게 됩니다.

따라서 국가 내의 누구도 자신이 법 위에 있다고 주장할 수 없고, 국가가 인정할 의무가 있는 법을 외부에서 강요할 수 없기를 바랐을 것입니다. 왜냐하면 정부의 체제가 어떠하든, 만약 단 한 사람이라도 법에 복종하지 않는다면, 나머지 모든 사람은 필연적으로 그의 자의적 선택에 따라야 하기 때문입니다. 그리고 국가의 지도자와 외국의 지도자가 함께 존재할 경우, 그들이 권한을 어떻게 나누든 간에, 양쪽 모두가 제대로 복종받으며 국가를 잘 통치하는 것은 불가능하기 때문입니다.

비록 제아무리 훌륭한 법을 갖추고 있다 해도 새로 설립된 공화국에서 살고 싶지는 않았을 것입니다. 왜냐하면 정부가 당시 필요한 것과는 다른 방식으로 구성되어 있을 수도 있고, 새로운 시민들에게 적합하지 않거나 시민들이 새로운 정부에 적합하지 않을 수도 있기 때문에, 국가는 태어난 순간부터 약화되고 파괴될 위험에 처할 수 있기 때문입니다.

자유란, 그것을 오래 누려온 건강한 기질의 사람들에게는 적합한 영양분을 공급하고 강인함을 키워주는 실속 있고 맛있는 음식이나 진한 와인과 같습니다. 그러나 자유에 익숙하지 않은 연약하고 섬세한 사람들에게는 오히려 부담이 되고, 그들을 망

가뜨리거나 취하게 만듭니다. 한 번 주인들에게 익숙해진 민족은 더 이상 그들을 떠나 살 수 없는 상태가 됩니다.

멍에를 벗어던지려 시도하더라도, 자유로부터 더 멀어질 뿐입니다. 왜냐하면 그들은 자유를 방종과 혼동하는데, 방종은 자유와는 정반대의 것입니다. 이로 인해 그들의 혁명은 거의 언제나 그들을 더 나쁜 속박으로 몰아넣는 유혹자들에게 자유를 넘겨주고 맙니다.

모든 자유민의 본보기인 로마 국민조차 타르퀴니우스(Tarquins 재위 BC 534~510 : 고대 로마시대 제7대 왕. 폭정으로 로마에서 추방되었다.)의 압제에서 벗어났을 때 스스로를 통치할 수 있는 상태가 아니었습니다. 국민에게 강요된 노예제도와 치욕스러운 노동으로 타락한 그들은 처음에는 단지 어리석은 오합지졸에 불과해서 최대한의 지혜로 조직되고 통치되어야만 했습니다. 그리하여 점차 자유의 건강한 공기를 들이마시는 데 익숙해짐에 따라, 폭정 아래에서 무기력해지고, 아니 오히려 야만적으로 변했던 그들의 영혼은 점차 엄격한 도덕성과 용기에 대한 자부심을 획득하게 되었고, 마침내 그들을 모든 민족 중에서 가장 존경받는 존재로 만들었습니다.

따라서 고대의 제도가 시간의 어둠 속으로 어느 정도 사라진, 행복하고 평화로운 공화국을 나의 조국으로 찾으려 했을 것입니다. 그 공화국은 주민들 사이에서 용기와 조국애를 입증하고 강화할 만한 적절한 어려움만을 겪어왔으며, 시민들이 오랫동안 현명한 독립에 익숙해져 단순히 자유로운 것에 그치지 않고 자유로울 자격이 있는 곳이어야 했습니다.

강력한 힘이 없는 덕분에 정복에 대한 잔혹한 열망으로부터 벗어나 있으며, 더욱 운이 좋은 지리적 위치 덕분에 다른 국가의 정복 대상이 될 두려움에서도 안전한 나라를 조국으로 선택하고 싶었을 것입니다. 또한, 여러 민족들 사이에 자리 잡은 자유로운 도시로서, 그 누구도 침략할 의도가 없으며, 오히려 서로가 침략을 방지하려는 열망을 공유하는 공화국, 즉 이웃들의 야망을 자극하지 않으며 필요할 때 합리적으로 그들의 도움을 기대할 수 있는 곳이었기를 원했을 것입니다.

이러한 행복한 상황에서는, 그 공화국이 두려워해야 할 것은 외부가 아닌 자신뿐이었을 것이며, 시민들이 무기를 다루는 법을 익혔다면, 자신을 방어하기 위한 필요 때문이 아니라, 자유와 잘 어울리고 그 자유에 대한 애정을 키워주는 전사 정신과 용기의 자부심을 유지하기 위함이었을 것입니다.

나는 모든 시민에게 입법권이 공통적으로 주어지는 나라를 찾으려 했을 것입니다. 같은 사회에서 함께 사는 것에 적절한 조건을 누가 그들보다 더 잘 이해할 수 있을까요? 하지만 저는 로마인들의 민회와 같은 방식은 지지하지 않았을 것입니다. 국가의 수장들과 국가의 존속에 가장 크게 관여하는 사람들이 종종 국가의 안전을 좌우하는 논의에서 배제되었으며, 모순적이게도 행정관들은 일반 시민들이 누리는 권리마저 박탈당했기 때문입니다.

반대로, 저는 아테네인들을 결국 파멸로 이끈 이기적이고 졸렬한 계획들과 위험한 혁신들을 막기 위해, 어떤 개인도 자신의 기분에 따라 새로운 법을 제안할 권한을 갖지 않기를 바랐을 것입니다. 이러한 권한은 오직 행정관들에게만 주어져야 하며, 그들조차도 이를 극히 신중하게 행사해야 하고, 시민들 또한 그러한 법에 동의하는 데 매우 신중해야 한다고 생각했을 것입니다. 따라서 새로운 법의 공포는 대단히 엄숙한 절차를 통해서만 이루어질 수 있어야 했을 것입니다. 이는 정치 체제가 훼손되기 전에, 법이 신성하고 존엄하게 여겨지는 것은 무엇보다도 그 법의 오래된 전통 때문이라는 사실을 깨닫게 할 시간을 갖기 위해서입니다.

사람들은 법이 매일 바뀌는 것을 목격하면서 곧 그 법을 신뢰하지 않게 되며, 더 나은 것을 만들겠다는 명목으로 오래된 관습을 소홀히 하다 보면, 종종 작은 문제를 해결하려다 더 큰 악을 초래하게 된다는 사실을 깨닫게 하기 위한 것입니다.

무엇보다도, 국민이 자신들의 행정관을 필요 없다고 여기거나 그들에게 단지 불안정한 권한만을 부여한 채, 성급하게 시민사회의 행정과 자신들이 만든 법의 집행을 스스로 통제하려는 공화국이라면, 반드시 잘못 통치될 수밖에 없다는 이유로 그러한 공화국은 피했을 것입니다. 이와 비슷한 체제가 바로 자연 상태에서 막 벗어나면서 생겨난 초기 정부들의 초보적인 구조였을 것입니다. 또한, 이러한 체제는 다시 한 번 아테네 공화국을 파멸로 이끈 결함 중 하나였습니다.

그러나 저는 개인들이 법에 대한 동의를 표하고, 지도자들의 제안에 따라 가장 중요한 공공의 문제를 집단으로서 결정하는 데 만족하며, 존중받는 법정을 세우고, 다양한 부서를 신중하게 구분하며, 해마다 정의롭고 유능한 시민들을 선출하여 정의를 집행하고 국가를 통치하게 하는 공화국을 선택했을 것입니다.

이러한 방식으로 행정관들의 미덕이 국민의 지혜를 증명하며, 양측이 서로를 존중하는 체제를 원했을 것입니다. 따라서 만약 치명적인 오해가 공공의 조화를 어지럽히는 일이 발생하더라도, 이러한 눈멀고 잘못된 시기조차도 절제, 상호 존중, 법에 대한 공통의 존중을 보여주면서, 진실하고 영구적인 화해의 전조이자 보증이 될 것입니다.

존귀하고 가장 명예로운 의원님들, 이것이 바로 저 스스로 선택한 조국에서 찾고자 했던 장점들입니다. 그리고 여기에 신께서 매력적인 위치, 온화한 기후, 비옥한 농토, 그리고 하늘 아래에서 가장 아름다운 풍경을 더해주었다면, 저는 이 행복한 조국의 품 안에서 이러한 모든 혜택을 누리며 동포들과 함께 달콤한 사회 속에서 평화롭게 살아가기를 바랐을 것입니다. 또한 그들의 본보기를 따라 인간애, 우정 그리고 모든 미덕을 실천하면서, 선량하고 품위 있으며 고결한 애국자의 명예로운 기억을 후대에 남기기를 바랐을 것입니다.

만약 내가 덜 행복하거나 너무 늦게 현명해져서, 경솔한 나의 젊음이 빼앗아간 평화와 안식을 헛되이 후회하며 병약하고 쇠약해진 채로 타국에서 삶을 마감하게 된다면, 적어도 내 조국에서 실행하지 못한 이와 똑같은 감정을 내 영혼 속에 간직하면서, 멀리 떨어져 있는 동포들을 위해 부드럽고 사심 없는 애정을 가득 담아 진심으로 다음과 같은 이야기를 전했을 것입니다.

친애하는 동포 여러분, 아니 오히려 법률뿐만 아니라 혈연의 끈으로도 거의 모두 연결되어 있는 나의 형제 여러분, 여러분을 생각할 때마다 여러분이 누리고 계신 모든 혜택들을 함께 떠올리지 않을 수 없다는 것이 저에게는 큰 기쁨입니다. 아마도 그 혜택들을 잃어버린 저보다 그 가치를 더 깊이 느끼는 분은 없을 것입니다. 여러분의 정치적이고 시민적인 상황을 생각하면 할수록, 인간사의 본질이 그보다 더 훌륭한 것을 포함할 수 있다고 상상할 수는 없습니다.

다른 모든 정부에서는 국가의 최대 이익을 확보하려 할 때, 모든 것이 언제나 가상의 계획, 기껏해야 단순한 가능성에 한정되어 있습니다. 하지만 여러분의 복지는 철저하게 확립되어 있습니다. 여러분은 그것을 즐기는 것 외에는 아무것도 할 필요가 없으며, 그렇게 누릴 수 있는 방법을 아는 것 외에는 완벽하게 행복해질 필요도 없습니다. 여러분의 주권은 칼끝으로 획득하거나 회복되었고, 여러분의 공로와 지혜의 힘으로 200년 동안 보존되었으며, 마침내 완전하고 보편적으로 인정받았습니다.

명예로운 조약들이 여러분의 국경을 결정하고, 여러분의 권리를 보장하며, 여러분의 평화를 강화합니다. 여러분의 체제는 탁월하며, 가장 숭고한 이성에 의해 제정되고, 우호적이고 존경받는 세력들에 의해 보장됩니다. 여러분의 국가는 평온합니다. 두려워할 전쟁도 정복자도 없습니다. 여러분이 만든 현명한 법과 여러분이 선택한 청렴한 관리들이 집행하는 법 외에는 어떠한 주인도 없습니다.

여러분은 안이한 생활로 인해 나약해지거나 허황된 즐거움으로 진정한 행복과 확고한 미덕을 잃을 정도로 부유하지도 않으며, 여러분 자신의 노력으로 얻는 것보다 외국의 도움이 더 많이 필요할 정도로 가난하지도 않습니다. 그리고 거대한 국가들에서는 막대한 과세로만 유지되는 이 귀중한 자유가, 여러분에게는 거의 아무런 비용도 들이지 않고 보존됩니다.

그토록 현명하고 행복하게 구성된 공화국이 시민들의 행복을 위해, 그리고 모든 민족의 본보기로 영원히 지속되기를 바랍니다. 이것이 여러분이 바랄 유일한 소망이며, 취해야 할 유일한 예방책입니다. 이제부터는, 여러분의 행복을 스스로 만들어야 할 필요는 없습니다. 여러분의 선조들이 이미 그 수고를 덜어주었기 때문입니다. 여러분에게 남은 과제는 그것을 잘 활용하는 지혜를 통해 지속시키는 것입니다.

여러분의 보존은 끊임없는 결속, 법에 대한 복종 그리고 법 집행자들에 대한 존중에 달려 있습니다. 만약 여러분 사이에 조금이라도 고약한 불신이나 반항의 씨앗이 남아 있다면, 그것이 치명적인 발효제가 되어 언젠가 여러분의 불행과 국가의 파멸을 초래하기 전에 서둘러 그것을 제거해야 합니다.

여러분 모두 마음 깊은 곳에서 들려오는 은밀한 양심의 목소리에 귀를 기울여 주시길 간청합니다. 여러분 중 누가 이 세상에서 여러분의 공적인 행정부보다 더 존경스럽고, 더 계몽되고, 더 존경할 만한 단체를 알고 있습니까? 그 구성원들 모두가 절제, 꾸밈없는 도덕성, 법에 대한 존중, 그리고 가장 진실한 화해의 본보기를 여러분에게 보여주지 않습니까? 그러니 이성적 판단이 미덕에 마땅히 바쳐야 할 건전한 신뢰를 이처럼 현명한 지도자들에게 아낌없이 보내십시오. 그들이 여러분의 선택임을,

그리고 그들이 그 선택을 정당화하고 있음을 기억하십시오. 여러분이 존엄성을 부여한 이들에게 마땅히 돌아가는 명예는 필연적으로 여러분 자신에게도 반영된다는 점을 명심하십시오.

법의 활력이 사라지고 그것을 지키는 이들의 권위가 무너질 때, 여러분 중 그 누구도 안전과 자유를 누릴 수 없다는 사실을 모를 만큼 무지하지는 않을 것입니다. 그렇다면 여러분에게 중요한 것은 진정한 이익, 의무 그리고 이성에 의해 언제나 해야 할 일을 선의와 정당한 신뢰를 갖고 수행하는 것 말고 무엇이 있겠습니까?

체제의 유지에 있어 무책임하거나 위험할 정도로 소극적인 태도가, 필요할 때 가장 계몽되고 열정적인 이들의 현명한 조언을 무시하는 일이 없도록 하십시오. 그러나 공정, 절제 그리고 최대한의 존중 어린 확고함이 여러분의 모든 행동을 계속해서 이끌어가며, 온 세상에 여러분의 모습을 자랑스럽고 겸손한 민족으로, 그 자유만큼이나 영광을 소중히 여기는 본보기로 보여주기를 바랍니다.

이것이 저의 마지막 충고가 될 것입니다. 무엇보다, 악의적인 해석과 독설에 절대로 귀 기울이지 마십시오. 그러한 말들의 숨은 의도는 종종 그것들이 부추기는 행동보다 더 위험합니다.

도둑이 접근할 때만 짖는 충직하고 신뢰할 만한 수호자의 첫 번째 울음소리에는 온 집안이 깨어나 경계하지만, 끊임없이 짖어대며 공공의 평화를 방해하는 동물들은 사람들에게 혐오감을 줍니다. 이런 동물들의 끊임없고 부적절한 경고는, 정작 필요한 순간에도 무시되곤 합니다.

그리고 위대하고 가장 명예로운 의원님들, 자유로운 민중의 존엄하고 훌륭한 치안관이신 여러분께, 특별히 제 경의와 존중을 바치게 해주십시오. 이 세상에 그 자리를 차지한 사람들에게 진정한 품위를 부여하는 지위가 있다면, 그것은 분명 재능과 미덕이 부여하는 지위일 것입니다. 여러분은 스스로 그 지위에 합당한 자격을 갖추었고, 동료 시민들은 여러분을 그 지위로 올려놓았습니다.

시민들의 자질은 여러분의 자질에 새로운 빛을 더합니다. 다른 사람들을 통치할 능력이 있어 스스로 통치받을 사람들에 의해 선택된 여러분은, 자유로운 국민으로서 다른 치안관들보다 훨씬 뛰어나다고 생각합니다. 이는 여러분이 이끄는 자유로운 민중, 특히 여러분이 영광스럽게 지도할 명예를 가진 민중이, 그 지혜와 이성 덕분에 다른 국가의 국민들보다 훨씬 뛰어난 것과 같습니다.

허락해 주신다면, 더 좋은 기록이 남아야 했을 일이지만, 제 마음속에 언제나 간직되어 있는 한 가지 예를 들려드리겠습니다. 저의 존재를 빚지고 있으며, 어린 시절 여러분께 드려야 할 존중에 대해 제게 자주 말씀해 주셨던 그 덕망 높은 시민을 가장 달콤한 감정 없이는 떠올릴 수 없습니다.

저는 여전히 그분이 자신의 손으로 일하며 가장 숭고한 진리로 영혼을 채우는 모습을 봅니다. 그분의 앞에는 작업 도구들과 함께 타키투스(Tacitus: 로마 제정시대 역사가), 플루타르코스(Plutarchos: 고대 로마시대의 철학자, 저술가) 그리고 그로티우스(Hugo Grotious:16세기 네덜란드 법학자)가 섞여 있는 것을 봅니다. 그분의 옆에는 가장 훌륭한 아버지의 다정한 가르침을 너무 적게 받아들이는 사랑하는 아들이 있는 것을 봅니다. 그러나 어리석은 젊음의 실수가 그처럼 현명한 교훈들을 잠시 잊게 했더라도, 마음에 깊이 새겨진 교육은 영원히 잃어버릴 수 없다는 것을 마침내 깨닫게 된 저는 큰 행복을 느낍니다.

위대하고 가장 명예로운 의원님들, 여러분이 통치하시는 국가에서 태어난 시민들, 심지어 평범한 거주민들까지도 이런 사람들입니다. 그들은 교육받고 이성적이지만 다른 나라들에서는 '노동자'나 '민중'이라는 이름 아래 천박하고 왜곡된 관념으로 여겨지는 사람들입니다.

기쁜 마음으로 분명히 말씀드리자면, 저의 아버지는 동료 시민들 사이에서 특별히 돋보이는 분은 아니었습니다. 그분은 단지 다른 모든 시민들과 다를 바 없는 분이셨습니다. 그러나 어느 나라에서든 가장 존경받는 사람들 사이에서조차 그분과 교제하기를 원하고, 자신들의 이익을 위해 그분과의 관계를 발전시키고자 했을 것입니다.

저는 그러한 품격을 지닌 이들, 즉 교육 수준뿐만 아니라 자연권과 출생권에 있어서도 여러분과 동등한 사람들에게 여러분이 보여야 할 존경심에 대해 이야기하는 것이 저에게 적절하지도 않고, 다행히도 그럴 필요도 없습니다. 그러나 그들은 여러분의 뛰어난 자질에 대한 선호와 이에 따른 선택으로 인해 스스로 여러분의 아랫사람이 되었으니, 이에 대해 여러분 또한 그들에게 일종의 감사의 표시를 해야 할 의무가 있습니다.

저는 여러분이 법의 집행자에게 어울리는 엄숙함을 온화함과 겸손으로 완화하고, 그들이 여러분에게 보여야 할 복종과 존경에 대해 여러분이 그들에게 보이는 존중과 배려로 보답한다는 사실을 듣고 깊은 만족감을 느낍니다. 이는 정의와 지혜로 가득 찬 행동이며, 과거의 불행한 사건들을 잊고 다시는 그것들이 반복되지 않도록 하기 위해 필요한 기억에서 점점 더 멀어지게 하는 적절한 태도입니다. 더욱이, 이러한 공평하고 관대한 민족은 의무를 기쁨으로 여기며 자연스럽게 여러분을 존중하기를 좋아하고, 자신의 권리를 유지하려는 열정이 가장 강한 사람들이야말로 여러분의 권리를 존중하려는 경향이 가장 크다는 점에서, 이러한 태도는 더욱 현명한 행동이라 할 수 있습니다.

시민 사회의 지도자들이 그 사회의 영광과 행복을 사랑하는 것은 놀라운 일이 아닙니다. 그러나 자신을 치안관으로, 더 나아가 더 신성하고 숭고한 나라의 주인으로 여기는 이들이 그들을 양육한 이 땅의 조국에 대한 애정을 드러낸다면, 이는 인간에게 너무나 큰 평화와 안식을 가져다줍니다.

이러한 드문 예외를 우리에게 도움이 되도록 만들 수 있고, 법에 의해 승인된 신성한 교리를 수호하는 열정적인 이들, 영혼을 위한 존경받는 사역자들, 복음의 가르침을 스스로 실천하는 데서 시작해 이를 더욱 효과적으로 사람들의 마음속에 전하는 이들을 우리의 가장 훌륭한 시민으로 여길 수 있다는 것이 저에게는 얼마나 큰 기쁨인지 모릅니다.

전 세계는 위대한 설교의 예술이 제네바에서 얼마나 성공적으로 발전했는지를 잘 알고 있습니다. 그러나 말과 행동이 다르게 이루어지는 모습을 너무 자주 보아 익숙해진 탓에, 우리의 성직자들 사이에서 기독교 정신, 도덕적 성스러움, 자신에 대한 엄격함, 그리고 타인에 대한 온화함이 얼마나 깊이 자리 잡고 있는지를 아는 사람은 많지 않습니다.

아마도 신학자들과 문인들의 사회가 이처럼 완벽하게 결합된 모습을 통해 교훈적인 본보기를 보여줄 수 있는 도시는 제네바뿐일 것입니다. 저는 국가의 지속적인 평화를 기대하는 데 있어 그들의 지혜, 인정받은 절제 그리고 번영을 위한 열정에 크게 의지합니다. 그리고 이들이 소위 신의 권리, 즉 자신들의 이익을 유지하기 위해 인간의 피를 흘리는 것을 서슴지 않았던, 역사의 여러 사례에서 찾아볼 수 있는 신성하고도 야만적인 인물들의 끔찍한 신조에 대해 얼마나 깊은 혐오감을 가지고 있는지를 보며, 놀라움과 존경이 뒤섞인 기쁨을 느낍니다. 이들은 자신들의 피는 항상 존중받을 것이라 스스로를 위안 삼았던 이들과는 분명히 다릅니다.

그리고 어떻게 공화국의 소중한 절반을 잊을 수 있겠습니까? 그들은 다른 절반의 행복을 만들어내며, 그 온화함과 지혜로 공화국 안에서 평화와 도덕을 지탱합니다.

사랑스럽고 덕망 있는 여성 시민 여러분, 여러분의 성별이 언제나 우리를 다스리는 역할을 맡아왔습니다. 여러분의 순결한 권위가 오직 혼인 관계 안에서만 행사되며, 국가의 영광과 공익을 위해 사용될 때, 이는 얼마나 큰 행복입니까. 스파르타에서 여인들이 그러한 방식으로 통치했던 것처럼, 여러분 또한 제네바에서 그러한 방식으로 다스릴 자격이 있습니다.

어떤 야만적인 남자가 사랑스러운 아내의 입에서 나오는 명예와 이성의 목소리에 저항할 수 있을까요? 그리고 여러분의 단순하고 소박한 장식이, 여러분의 빛으로 인해 더욱 찬란하게 보이며 아름다움을 가장 잘 돋보이게 할 때, 헛된 사치를 멸시하지 않을 사람이 있겠습니까? 여러분의 사랑스럽고 순결한 통치와 절묘한 지혜로 법에 대한 사랑과 시민 간의 조화를 언제나 유지하는 것은 여러분의 몫입니다.

　행복한 결혼으로 분열된 가정을 다시 하나로 만들고, 특히 여러분의 부드럽고 설득력 있는 가르침과 겸손한 대화의 우아함으로 젊은이들이 외국에서 배워온 잘못된 것들을 바로잡는 역할을 해주십시오. 그들은 유익한 많은 것들을 배우고 올 수도 있었지만, 타락한 여성들 사이에서 배운 유치한 말투와 우스꽝스러운 태도, 그리고 제가 알 수 없는 어떤 허울뿐인 웅장함에 대한 찬탄만을 가지고 돌아옵니다. 이는 그들의 종속 상태를 보상하기 위한 하찮은 위안일 뿐이며, 결코 고귀한 자유의 가치를 지닐 수 없습니다. 그러니 언제나 여러분이 지금의 모습 그대로, 도덕의 순결한 수호자이자 평화의 온화한 억제자로 남아 있으십시오. 그리고 모든 기회에 마음과 자연의 권리를 의무와 덕의 이익을 위해 잘 활용해 나가십시오.

　저는 시민들의 일반적인 행복과 공화국의 영광에 대한 저의 희망을 이러한 보장에 기반을 둠으로써, 사건들이 제가 틀렸다고 증명하지 않을 것이라고 스스로 위안합니다. 이러한 모든 장점에도 불구하고, 그것이 대부분의 눈을 현혹시키는 찬란함으로 빛나지 않을 것임을 인정합니다. 그 유치하고 치명적인 취향은 행복과 자유의 가장 위험한 적입니다. 방탕한 젊은이들은 다른 곳에서 쉬운 쾌락과 긴 후회를 찾도록 하십시오. 소위 취향이 있다는 사람들은 다른 곳에서 궁전의 웅장함, 마차의 아름다움, 화려한 가구, 화려한 구경거리 그리고 사치와 호화로운 생활의 모든 세련됨을 감탄하도록 하십시오.

제네바에서는 단지 인간만을 찾을 수 있을 것이지만, 그런 광경은 그 자체로 진정한 가치를 지니고 있으며, 그것을 찾는 사람들은 다른 것들을 찬미하는 이들만큼이나 가치가 있습니다.

위대하고 가장 명예로운 의원님들, 여러분의 번영에 대한 저의 진심 어린 관심의 경의를 같은 너그러움으로 받아 주시기를 간청합니다. 만일 저의 진심 어린 열정의 발로에서 불행히도 지나친 표현으로 실례를 범했다면, 이를 진정한 애국자의 애정 어

린 마음과 여러분 모두가 행복한 모습을 보는 것보다 더 큰 행
복은 없다고 믿는 사람의 열렬하고 정당한 열의로 너그러이 용
서해 주시기를 바랍니다.

가장 깊은 존경을 담아,

여러분의 충실한 종이자 동료시민인,

— 장 자크 루소

(1754년 6월, 샹베리)

서문

　인간의 모든 지식 중에서 가장 유용하면서도 가장 발전되지 못한 분야는 인간에 대한 지식인 것 같다. 나는 감히 델포이 신전에 새겨진 유일한 비문에는 도덕주의자들이 쓴 모든 두꺼운 책들보다 더 중요하고 더 어려운 교훈이 담겨 있다고 말한다. 따라서 이 논문의 주제가 철학이 제시할 수 있는 가장 흥미로운 질문들 중의 하나이자, 불행하게도 철학자들이 해결하기 가장 어려운 문제들 중 하나라고 생각한다.

　인간 자체를 이해하는 것부터 시작하지 않는다면 어떻게 인간 불평등의 기원을 알 수 있을까? 그리고 시간과 사건의 연속이 그의 본래의 체질에 만들어냈을 모든 변화를 통해 인간이 어떻게 자연이 만들어낸 방식 그대로 자기 자신을 볼 수 있을까? 환경과 인간의 진보가 원시 상태에 추가되거나 변화시킨 것들로부터 인간이 자신의 기원을 유지하는 부분을 어떻게 분리해낼 수 있을까?

마치 글라우코스(Glaucus : 그리스 신화에 나오는 바다의 신)의 조각상이 시간, 바다, 폭풍에 의해 너무나도 훼손되어 더 이상 신이라기보다 사나운 짐승처럼 보이는 것과 같다. 인간의 영혼도 사회의 품 속에서 수없이 반복되는 원인들, 지식과 오류의 축적, 체질에 일어난 변화 그리고 끊임없이 부딪히는 감정의 충돌에 의해 변형되어, 그 모습을 거의 알아볼 수 없을 정도로 바뀌어 버렸다. 그리고 항상 확실하고 불변하는 원칙에 따라 행동하던 존재이자 창조자가 깊이 새겨놓은 신성하고 위엄 있는 단순함 대신, 이제는 혼란에 빠진 이성과 이성을 가장한 비틀린 열정의 대립만이 남아 있을 뿐이다.

더욱 가혹한 것은, 인류의 모든 진보가 끊임없이 우리를 원시 상태에서 더 멀어지게 한다는 사실이다. 새로운 지식을 더 많이 축적할수록, 우리는 모든 지식 중에서 가장 중요한 지식을 얻을 수 있는 수단을 스스로 빼앗게 된다. 그리고 어떤 의미에서는 인간에 대한 연구 덕분에 우리는 이제 원래의 모습을 알 수 있는 단계를 넘어선 위치에 있게 되었다.

인간의 체질에서 나타나는 연속적인 변화 속에서, 인간들 사이의 차이, 즉 그들을 서로 구별짓는 차이의 최초의 기원을 찾아야 한다는 것은 쉽게 알 수 있다. 일반적으로 인간이 서로 자연적으로 동등하다는 데 동의한다. 이는 각 종(種)의 동물들이 다양한 물리적 원인으로 인해 우리가 관찰하는 변이를 겪기 이전에는 동등했던 것과 같다.

사실, 초기의 변화가 어떻게 일어났든 그것이 한 종의 모든 개체를 한꺼번에 그리고 동일한 방식으로 변화시켰다고 보기는 어렵다. 일부는 개선되거나 퇴화되면서 본래의 본성에는 없었던 좋거나 나쁜 다양한 특성을 획득했다. 반면, 다른 일부는 더 오랜 기간 동안 본래의 상태를 유지했다. 이러한 현상이 인간들 사이에 나타난 불평등의 최초의 원천이 되었다. 이 점은 실제 원인을 정확히 지적한다기보다 이렇게 일반적으로 설명하는 것이 더 용이하다.

그러므로 내가 보기 어려운 것을 보았다고 감히 자만하고 있는 것으로 생각하지 않기를 바란다. 나는 이 문제를 해결하려는 희망보다 오히려 그것을 밝히고 참된 상태로 축소하려는 의도로 몇 가지 이성적인 탐구를 시작하고 몇 가지 가정을 제시해 보았다. 다른 사람들은 같은 경로를 따라 더 멀리 나아가는 것이 충분히 가능할 것이다. 그러나 그 누구도 끝까지 도달하는 것은 쉽지 않을 것이다.

인간의 진정한 본성에서 원래의 것과 인위적인 것을 분리하고, 더 이상 존재하지 않으며, 어쩌면 존재하지 않았고, 아마도 결코 존재하지 않을 상태를 제대로 이해하려는 것은 결코 가벼운 과제가 아니다. 그러나 우리의 현재 상태를 올바르게 평가하기 위해서는 그에 대한 정확한 개념을 갖는 것이 여전히 필요하다. 이 주제에 대해 신뢰할 만한 관찰을 하기 위해 필요한 주의 사항을 정확히 규명하려는 사람에겐 상상할 수 있는 것 이상의 철학적 통찰이 필요할 것이다. 또한, 다음 문제에 대한 훌륭한 해결책은 현대의 아리스토텔레스나 플리니우스(Plinius : AD 1세기에 활동한 로마의 정치가, 작가, 박물학자)에게도 충분히 가치 있는 과제로 여겨졌을 것이다.

자연 상태의 인간을 이해하기 위해서는 어떤 실험이 필요하며, 사회의 한복판에서 이러한 실험을 수행하는 방법은 무엇일까? 이 문제를 해결하려는 시도는커녕, 이 주제에 대해 충분히 숙고하여 미리 답변하자면, 가장 위대한 철학자들도 이러한 실험을 지휘하기에는 충분하지 않으며, 가장 강력한 통치자들도 그것을 수행하기에는 부족할 것이라고 생각한다. 특히 성공에 도달하기 위해 양측에서 필요한 인내심, 아니 오히려 계몽과 선의의 계승이 필요한 상황에서, 그러한 협력을 기대하는 것은 거의 합리적이지 않다.
이 연구는 수행하기 매우 어렵고, 지금까지 우리는 그것에 대해 거의 생각해 본 적이 없지만, 그럼에도 불구하고 인간 사회의 진정한 기반에 대한 지식을 가로막고 있는 수많은 어려움을 제거할 수 있는 유일한 수단이다. 인간의 본성에 대한 이러한 무지가 자연권의 진정한 정의에 많은 불확실성과 모호함을 던진다. 왜냐하면 부를라마키(Jean Jacques Burlamaqui 1694~1748 : 제네바 출신의 저명한 자연법 학자) 씨가 말하듯, 권리라는 개념, 그리고 특히 자연권이라는 개념은 분명히 인간의 본성과 관련되어 있기 때문이다. 따라서 그는 이 학문의 원칙은 바로 인간의 본성, 인간의 구성과 상태에서 도출되어야 한다고 말한다.

이 중요한 문제를 다루는 여러 저자들 사이에서 의견 일치를 거의 찾아볼 수 없다는 점은 놀라움과 당혹감을 자아낸다. 가장 신중한 저자들 중에서도 이 점에 대해 의견이 일치하는 두 사람을 찾기란 어렵다.

고대 철학자들을 언급하지 않더라도, 이들은 가장 기본적인 원칙에 대해 서로 반박하려 애쓴 것처럼 보인다. 로마 법학자들은 인간과 다른 모든 동물을 구별 없이 동일한 자연법에 종속시켰다. 이는 자연 스스로가 설정한 법칙을, 자연이 생명체들에게 명령하는 법보다 더 중요하게 여겼기 때문이다. 혹은 이 법학자들이 '법'이라는 단어를 이해한 특별한 방식 때문일지도 모른다.

이 경우, 그들은 법을 단지 자연이 모든 생명체들 사이에 공통의 보존을 위해 설정한 일반적 관계의 표현으로 받아들였던 것 같다.

현대인들은 '법'이라는 용어를 도덕적 존재, 즉 지적이고 자유로우며 다른 존재들과의 관계에서 숙고하는 존재에게 규정된 규칙으로만 이해하기 때문에, 자연법의 관할권을 이성을 부여받은 유일한 동물, 즉 인간에게만 제한한다. 그러나 그들 각자가 이 법을 자기 방식대로 정의하기 때문에, 그들 모두는 이 법을 너무나도 형이상학적인 원칙들에 기반을 두어 설정한다. 그래서 우리들 중에서도 이러한 원칙들을 이해할 수 있는 사람은 매우 적으며, 하물며 스스로 그것들을 찾아낼 수 있는 사람은 더욱 적다.

결과적으로, 다른 면에서는 끊임없이 서로를 부정하는 이 학구적인 사람들의 모든 정의는 오직 이 점에서만 일치한다. 즉, 위대한 논리학자이자 심오한 형이상학자가 되지 않고서는 자연법을 이해할 수도 없고, 따라서 그것을 따를 수도 없다는 것이다. 이는 곧 사회를 형성하기 위해 인간이 반드시 많은 노력을 통해서만 발달하며, 심지어 사회 안에서도 극소수의 사람들만이 지니는 계몽된 이성을 활용해야 했음을 명확히 보여준다.

이처럼 자연에 대한 이해가 부족하고 '법'이라는 단어의 의미에 대한 합의가 거의 없는 상황에서, 자연법에 대한 좋은 정의에 동의하기는 매우 어려울 것이다. 따라서 우리가 책에서 발견하는 모든 정의들은 서로 동일하지 않다는 문제 외에도, 사람들이 본성적으로 소유하지 않은 여러 종류의 지식과 자연 상태를 벗어난 후에야 개념을 가질 수 있었던 이점들로부터 유래했다는 추가적인 결함을 가지고 있다.

이 저자들은 일반적인 유용성을 위해 인간들이 서로 합의해야 할 규칙들을 먼저 탐구한다. 그리고 이러한 규칙들의 집합에 아무런 다른 증거 없이, 단지 그것들이 보편적으로 실천될 때 얻어질 이익을 근거로 '자연법'이라는 이름을 부여한다. 이는 정의(定義)를 작성하고 사물의 본질을 거의 자의적인 합의로 설명하는 매우 편리한 방식임이 분명하다.

하지만 자연 상태의 인간을 알지 못하는 한, 그가 받아들일 법이나 그의 체제에 가장 적합한 법을 규정하려는 것은 무의미하다. 이 법에 관해 우리가 분명히 알 수 있는 유일한 점은, 그것이 법이 되기 위해서는 단순히 그 법에 의무를 가진 인간의 의지가 그것에 자발적으로 복종할 수 있어야 할 뿐만 아니라, 자연법이 되기 위해서는 그 법이 자연의 목소리를 직접적으로 전달해야 한다는 것이다.

그래서 인간 스스로가 만든 모습만을 보게 만드는 학술적인 책들은 모두 제쳐두고, 인간 영혼의 최초이자 가장 단순한 작용들에 대해 생각해보면, 이성에 앞서 존재하는 두 가지 원칙을 분별할 수 있다고 믿는다.

하나는 우리의 안녕과 자기 보존에 강한 관심을 불러일으키는 것이고, 다른 하나는 어떤 감각 있는 존재가 고통을 겪거나 멸망하는 것을, 특히 우리와 유사한 존재들이 그러한 상황에 처하는 것을 보며 본능적으로 혐오감을 느끼게 하는 것이다.

우리의 정신이 이 두 가지 원칙을 결합하고 조합함으로써, 굳이 사회적 본성을 끌어들이지 않아도, 모든 자연권의 규칙이 이로부터 비롯된다고 나는 생각한다. 그러나 이성은 그 뒤에 점진적으로 발달하여 자연을 질식시킴으로써, 이러한 규칙들을 다른 토대 위에서 다시 세우는 결과를 낳는다.

이와 같이, 우리는 인간을 인간으로 만들기 전에 철학자로 만들 필요는 없다. 타인에 대한 그의 의무는 단순히 뒤늦은 지혜의 가르침에 의해 규정되지 않는다. 그리고 그가 내부에서 우러나는 연민의 충동에 저항하지 않는 한, 그는 다른 인간이나 심지어 다른 감각 있는 존재에게도 해를 끼치지 않을 것이다. 다만, 자신의 보존이 걸려 있는 정당한 경우에는 자신을 우선시해야 할 의무가 있을 뿐이다.

이로써 동물들이 자연법에 참여할 수 있는지에 대한 오래된 논쟁도 종결된다. 동물들은 계몽과 자유가 부족하기 때문에 이 법을 인식할 수 없다는 것은 명백하다. 그러나 동물들도 그들에게 부여된 감각 능력을 통해 우리의 본성과 일부를 공유하므로, 우리는 그들이 자연권에 일부 참여할 자격이 있다고 판단한다. 따라서 인간은 동물에 대해 일정한 의무를 진다고 볼 수 있다.

실제로 내가 내 동료 인간에게 해를 끼쳐서는 안 될 의무를 갖게 되는 것은, 그가 이성적인 존재이기 때문이라기보다 그가 감각 능력을 가진 존재이기 때문이다. 이 감각 능력은 동물과 인간 모두에게 공통적인 특성이므로, 이는 적어도 서로가 무의미하게 학대받지 않을 권리를 부여해야 한다.

원초적 인간과 그의 진정한 필요 그리고 의무의 주요 기반을 연구하는 것은 도덕적 불평등의 기원, 국가 체제의 진정한 기반, 구성원 간의 상호 권리, 그리고 이와 유사한 수많은 다른 문제들 ― 그 중요성만큼이나 제대로 설명되지 않은 문제들 ― 을 둘러싼 수많은 난제를 해결할 수 있는 유일한 올바른 방법이기도 하다.

인간 사회를 차분하고 공정한 눈으로 바라보면, 처음에는 강자의 폭력과 약자의 억압만이 드러나는 것처럼 보인다. 한편으로는 한 집단의 가혹함에 마음이 반발하고, 다른 한편으로는 그들보다 눈먼 자들의 비참함에 대해 슬퍼하게 된다. 그리고 인간 사이에서 가장 불안정한 것이 바로 지혜보다 우연이 더 자주 만들어낸 외적인 관계들, 즉 약함이나 강함, 부유함이나 가난함이라고 여겨지는 것들이기 때문에, 인간 제도는 언뜻 보기에는 마치 불안정한 모래 위에 세워진 것처럼 보인다.

그러나 이 구조를 가까이에서 살펴보고, 그것을 둘러싼 먼지와 모래를 제거한 후에야 비로소 그 위에 세워진 흔들리지 않는 기반을 인식할 수 있게 되며, 그 기초를 존중하는 법을 배우게 된다. 이제, 인간과 그의 자연적 능력, 그리고 그것의 점진적 발달에 대한 진지한 연구 없이는 이러한 구분을 결코 해낼 수 없을 것이다. 현재의 체제에서, 신의 뜻으로 창조된 것과 인간의 기술이 만들어낸 것 사이를 분리하는 것도 불가능하다.

내가 탐구하고 있는 이 중요한 질문에서 비롯된 정치적, 도덕적 논의는 모든 면에서 유익하다. 정부의 가상적인 역사는 인간에게 매우 유익한 교훈을 제공한다.

우리가 스스로에게 맡겨졌다면 어떤 모습이 되었을지를 고려함으로써, 우리의 제도를 수정하고 그것에 흔들리지 않는 기반을 부여하여 그로 인해 발생했을 혼란을 막고, 고통스러울 것처럼 보였던 방법들에서 우리의 행복을 만들어낸 그분의 은혜로운 손길에 감사하는 법을 배워야 한다.

　'신이 너에게 어떤 사람이 되라고 명했는지를 배우고,
　　인간 사회에서 네가 어떤 위치에 놓여 있는지를 깨달으라.'

디종의 아카데미에서 제기된 문제

"인간 불평등의 기원은 무엇이며, 그런 불평등이 자연법에 따라

정당화될 수 있는가?"

인간 불평등의 기원과 근거에 대하여

○○○

나는 인간에 대해 말하려 한다. 내가 대답하려고 하는 질문
자체가, 내가 인간에게 말하고 있음을 충분히 알려준다. 진리를
존중하는 것을 두려워하지 않는 사람들에게만 이런 종류의 토
론을 제안할 수 있다. 그러므로 인류의 대의를 옹호하도록 나를
초대한 현자들 앞에서 자신 있게 인류의 대의를 변호할 것이다.
그리고 내가 이 주제와 나의 심판관들에 걸맞게 행동할 수 있다
면, 그것만으로도 나는 스스로를 행복하게 여길 것이다.

인간들 사이에는 두 종류의 불평등이 있다고 생각한다. 그 중
한 가지는 자연적 또는 신체적 불평등이라 부를 것이다. 이 불
평등은 자연에 의해 확립된 것으로 나이, 건강, 체력 그리고 정
신이나 영혼의 특성 차이로 구성되어 있기 때문이다.
다른 한 가지는 도덕적 또는 정치적 불평등으로 부를 수 있을
것이다. 이 불평등은 일종의 관습에 근거하며 인류의 보편적인
동의에 의해 확립되었거나 적어도 공인된 것이기 때문이다. 이

러한 종류의 불평등은 일부 사람들이 다른 사람들에게 불이익을 주면서 더 많은 부, 명예, 권력을 누리거나 심지어 그들에게 복종을 요구할 수 있는 다양한 특권들로 구성되어 있다.

자연적 불평등의 원인이 무엇이냐고 묻는 것은 어리석은 질문이다. 자연적 불평등의 정의만으로도 그 질문에 답이 되기 때문이다. 두 종류의 불평등 사이에 본질적인 연관이 있는지를 묻는 것은 더더욱 어리석은 질문일 것이다.

이는 곧 명령하는 자들이 복종하는 자들보다 필연적으로 더 나은 사람들인지, 그리고 신체적 또는 정신적인 힘, 지혜나 미덕이 권력이나 부와 항상 같은 비율로 나타나는지 묻는 것과 같다. 이는 어쩌면 주인이 듣는 가운데 노예들이 논의할 만한 것일지는 몰라도, 진리를 추구하는 자유롭고 이성적인 존재에게는 어울리지 않는 질문이다.

그렇다면 이 논문의 정확한 주제는 무엇일까?

세상사의 발전 과정에서 폭력이 정의로 대체되면서 자연이 법의 지배를 받게 된 순간을 지적하려는 것이다. 그리고 강자가 약자를 섬기게 되고, 사람들이 현실의 행복을 희생하면서까지 허구적인 안락함을 얻기 위해 거래하게 된 일련의 놀라운 사건들을 보여주려는 것이다.

사회의 기초를 연구한 철학자들은 모두 자연 상태로 거슬러 올라가 사회를 추적할 필요성을 인식했지만, 그들 중 누구도 실제로 그 상태에 도달했던 적이 없다. 어떤 이들은 거리낌 없이 자연 상태에 있는 인간에게 정의와 불의라는 개념을 부여하면서도, 인간이 정말로 그런 개념을 가졌어야 했다거나, 심지어 그런 개념이 인간에게 유용했는지조차 입증하려 애쓰지도 않았다. 또 다른 이들은 모든 인간이 자신의 소유물을 지킬 자연적 권리가 있다고 주장하면서도 '소유'라는 단어가 무엇을 의미하는지 설명하지 않았다. 또 다른 철학자들은 강자가 약자에게 권위를 행사할 권리가 있다고 단순하게 주장한 후, 사람들이 '권위'와 '정부'라는 단어가 나타내는 개념을 이해하는 데 필요한 시간을 고려하지 않고 곧바로 정부를 만들어냈다.

결국 그들은 모두 끊임없이 욕구, 탐욕, 억압, 욕망, 자만심을 강조하면서, 사회 속에서 얻은 개념들을 자연 상태로 전가시켜 버렸다. 야만인에 대해 말하면서 사실은 시민을 묘사했던 것이다.

뿐만 아니라 우리 중 몇몇 저자들은 자연 상태가 실제로 존재했었다는 것을 의심조차 해보지 않았던 것으로 보인다. 더 나아가 성서의 기록에 따르면, 하느님이 직접 지침과 계율을 주었음에도 불구하고, 최초의 인간조차 자연 상태에 있지 않았다는 것이 명백히 드러난다. 또한 모든 기독교 철학자가 마땅히 신뢰하듯이 모세의 책들을 신뢰해야 한다면, 특별한 사건으로 인해 그런 상태로 떨어지지 않는 한, 대홍수 이전에도 인간에게는 그런 상태가 있었다는 것을 부정해야 한다. 이것은 유지하기 어려운 역설일 뿐만 아니라 입증하는 것도 불가능하다.

그러므로 우리는 먼저 사실들을 제쳐두고 논의를 시작해야 한다. 그것들은 이 질문에 영향을 끼치지 않기 때문이다. 이 논의에서 우리가 수행할 연구는 역사적 진실로 받아들여서는 안 되며, 단지 세상사의 본질을 설명하는 데 적합한 가설적이고 조건적인 추론일 뿐, 그것들의 진정한 기원을 밝히려는 것은 아니다. 이는 우리 자연학자들이 이 세계의 형성에 대해 매일 만들어내는 가설들과 비슷하다.

종교는 우리에게 인간은 하느님에 의해 자연 상태에서 벗어났으며, 그들이 불평등한 것은 하느님의 뜻이라는 것을 믿도록 명령한다. 하지만 종교는 인간의 본성 자체와 인간을 둘러싼 존재들의 본성만을 근거로, 인간이 자연 상태에 그대로 놓여졌을 때의 운명에 대해 추론하는 것을 금지하지는 않는다.

이것이 바로 내가 대답하려는 질문이며, 이 논문에서 내가 검토하고자 하는 질문이다. 인류 전체가 나의 주제에 관심을 가질 것이므로, 모든 민족에게 적합한 언어를 사용하기 위해 노력할 것이다. 아니, 오히려 내가 말을 건네는 대상이 인간 그 자체라는 사실만을 생각하기 위해 시간과 장소의 제약을 잊고, 내가 아테네의 리케이온(Lykeion: 고대 그리스의 교육기관)에 있다고 가정할 것이다. 그 유명한 철학의 전당에서 나의 심판관으로서 플라톤과 크세노크라테스(Xenocrates : BC 3세기 고대 그리스의 철학자, 수학자)가 있는 가운데 내 스승들의 가르침을 반복하면서, 전 인류를 청중으로 두고 이야기하는 것처럼 할 것이다.

사람들이여, 당신이 어느 나라 출신이든, 어떤 견해를 가지고 있든지 간에 내 말에 귀기울여 보라. 이제부터 내가 읽었다고 생각하는 당신의 역사를 듣게 될 것이다. 당신과 같은 사람들이 쓴 거짓된 책에서 읽은 것이 아니라, 결코 거짓을 말하지 않는 자연의 책에서 읽은 것이다.

내가 자연의 말을 따라 반복하는 모든 것은 그 어떤 거짓도 섞이지 않은 진실일 수밖에 없다. 다만, 의도치 않게 나의 생각을 끼워 넣게 되는 경우도 있을 것이다. 내가 말하려는 시대는 매우 먼 과거이다.

당신은 본래의 모습에서 얼마나 많이 변했을까! 나는 당신이 태어날 때 받았던 특성들, 교육과 습관이 타락시킬 수는 있어도 완전히 없앨 수는 없었던 그 특성들로부터 당신 종족의 역사를 작성하려고 한다.

나는 당신들 각자가 멈추고 싶어 하는 어떤 시기가 있다는 것을 알고 있다. 그리고 당신은 당신의 종족이 멈췄으면 하고 바라는 시기를 찾게 될 것이다. 현재의 상태에 불안을 느끼는 당신은 불행한 후손에게 더 큰 불안이 닥칠 것이라는 이유 때문에 아마 그 시기로 돌아갈 수 있게 되기를 바랄 것이다. 이런 감정은 첫 번째 조상들에 대한 찬사, 동시대인들에 대한 비난, 그리고 당신의 불행을 이어받을 사람들에게는 공포의 원천으로서 검토되어야 할 것이다.

제1부

인간의 자연 상태에 대한 올바른 판단을 내리기 위해 그 기원을 검토하고, 인간을 마치 어떤 종(種)의 초기 배아인 것처럼 고찰하는 것이 중요한 일이기는 해도, 인간의 조직체가 점차 완전해지는 과정을 추적하려고 시도하지는 않을 것이다.

동물 체계 안에서 인간이 처음에는 어떤 모습이었을지, 그리고 마침내 현재의 모습이 되기 위해 어떤 과정을 거쳤는지를 검토하지는 않을 것이다. 나는 아리스토텔레스가 생각하듯, 인간의 방치된 손톱이 처음에는 구부러진 손가락과 다를 바 없었는지, 곰처럼 온몸이 거친 털로 덮여 있었는지, 혹은 네 발로 걸으며 땅을 바라보는 시선이 몇 걸음의 거리로 제한된 상태가 사고의 특성과 한계를 그대로 보여주었는지를 따져보지는 않을 것이다.

이 주제에 대해 나는 단지 막연하고 거의 상상적인 추측만을 할 수 있을 뿐이다. 비교해부학은 아직 충분히 발달되지 않았고, 자연철학의 관찰도 충분히 확립되지 않아, 이를 토대로 견고한 체계를 세울 수는 없다. 이러한 이유로, 우리가 받아온 초자연적인 정보에 의존하지 않고, 인간이 새로운 목적에 맞춰 자신의 신체 부위를 사용하고 새로운 음식을 섭취함에 따라 신체 내외부의 구조에 일어났을 변화에 주목하지 않고, 인간의 신체구조가 우리가 지금 보는 것과 항상 동일했을 것이라고 가정할 것이다. 즉, 항상 두 발로 걸었고, 우리와 같은 방식으로 손을 사용했으며, 자연의 전체 모습을 바라보았으며, 하늘의 광대한 영역을 눈으로 측정했을 것이라고 상정할 것이다.

이렇게 구성된 존재에게서 그가 받았을 수 있는 모든 초자연적인 선물과, 오랜 시간에 걸쳐서야 겨우 습득할 수 있었던 모든 인위적인 능력을 제거한다면, 다시 말해 그가 자연의 손에서 나온 그대로의 모습을 상상해 본다면, 나는 일부 동물들보다 덜 강하고, 다른 동물들보다 덜 민첩한 동물을 본다. 하지만 전체적으로는 어느 동물보다도 가장 유리하게 조직된 존재를 보게된다. 나는 그가 첫 번째 참나무 아래에서 배고픔을 해결하고, 첫 번째 시냇물에서 갈증을 해소하는 모습을 본다. 그는 식사를 제공한 그 나무 아래에 누워 잠을 청한다. 이렇게 해서 그의 모든 욕구는 완벽히 충족된다.

자연 그대로의 비옥함을 유지하며 결코 도끼로 훼손된 적이 없는 거대한 숲으로 뒤덮인 땅은, 모든 동물 종에게 모든 곳에서 먹이와 안식처를 제공한다. 온갖 동물들 사이에 흩어져 있는 인간은 동물들의 행동을 관찰하고 모방하면서 동물의 본능을 터득하게 된다. 모든 동물 종은 특정한 본능에 국한되어 있지만, 인간은 그에게만 속한 특정한 본능이 없는 듯하다. 대신 인간은 다른 모든 동물의 본능을 자신의 것으로 삼아, 동물들이 서로 나누어 먹어야만 하는 다양한 음식을 모두 섭취하며 살아간다. 이는 인간이 다른 어떤 동물보다도 더 쉽게 자신의 생존을 도모할 수 있게 하는 조건이다.

인간은 어릴 때부터 험악한 날씨와 다양한 계절의 혹독함에 적응하면서, 고된 노동에 단련되고, 벌거벗은 채 무기도 없이 숲 속의 다른 야생동물들로부터 자신의 생명과 먹이를 지켜야 했다. 최소한 다른 야생동물들의 맹렬한 공격을 피해 도망쳐야 했다. 이러한 과정에서 인간은 강건하고 거의 변치 않는 신체적 습관을 얻게 된다.

아이들은 부모의 뛰어난 체질을 물려받고 태어나, 그런 체질을 만들어냈던 것과 동일한 훈련을 통해 더 강하게 만들어 인간의 몸이 가질 수 있는 최대한의 힘을 얻게 된다. 자연은 스파르타가 시민의 자녀들을 대하던 것과 똑같은 방식으로 인간을 다룬다. 즉, 건강하게 태어난 아이들은 더욱 강하고 튼튼하게 기르지만 그 나머지는 모두 제거해버린다. 이러한 점은 자녀가 부모에게 부담이 되는 것을 국가가 허락함으로써 모든 아이들을, 심지어 어머니의 태 속에서조차 무차별적으로 살해하는 우리 사회와는 다르다.

야만인에게는 신체만이 자신이 알고 있는 유일한 도구이므로 다양한 용도로 신체를 활용한다. 현재의 우리가 훈련 부족으로 인해 할 수 없는 일들까지 해낸다. 우리는 필요에 따라 야만인이 갖게 된 힘과 민첩성을 산업 활동 때문에 상실하게 되었다는 것을 인정해야 할 것이다.

만약 도끼가 있었다면, 야만인의 손이 그렇게 쉽게 튼튼한 참나무 가지를 꺾을 수 있었을까? 투석기가 있었다면, 돌을 그렇게 멀리 던질 수 있었을까? 사다리가 있었다면, 그렇게 재빠르게 나무에 오를 수 있었을까? 말이 있었다면, 그토록 빠르게 평원을 가로질러 달릴 수 있었을까?

문명인에게 주변에서 온갖 기계를 준비할 시간을 준다면, 분명 야만인을 능가할 것이다. 그러나 훨씬 더 불공평한 경쟁을 보고 싶다면, 벌거벗고 무장하지 않은 채 서로를 상대하도록 해보라. 그러면 언제든 자신의 힘을 마음대로 쓸 수 있고, 모든 상황에 항상 대비된 상태로 온전히 자신의 힘을 지닌 채 살아가는 것이 얼마나 큰 이점인지 곧 깨닫게 될 것이다.

홉스(Thomas Hobbes 1588~1679 : 사회계약론을 기반으로 한 근대국가론을 주장했다)는 인간이 본래 두려움이 없으며, 언제나 공격하고 싸우는 데 몰두한다고 주장했다. 반면에 어느 저명한 철학자는 그와 반대되는 의견을 가지고 있었으며, 컴벌랜드(Cumberland : 17세기 영국의 윤리학자, 신학자)와 푸펜도르프(Puffendorff : 17세기 독일의 법학자. 합리적 자연법학을 제창했다)도 똑같이 자연 상태에서 인간보다 더 겁이 많은 존재는 없으며, 인간은 항상 떨고 있으며, 처음 감지한 움직임이나 귀에 들리는 첫 번째 소리에도 즉시 도망갈 준비가 되어 있다고 단언한다.

실제로 이것은 익숙하지 않는 대상들에 관해서는 정확한 사실일 수 있다. 자기 앞에 새로운 광경이 펼쳐질 때마다, 그것에서 예상할 수 있는 육체적 이익과 해악을 판단할 수 없고, 직면한 위험과 자신의 힘을 비교할 수 없을 때마다 분명 공포에 질릴 것이다. 그러나 자연 상태에서 이러한 상황은 거의 발생하지 않는다. 자연 상태에서는 모든 일들이 매우 일정한 방식으로 진행되고, 지표면에서는 집단의 감정이나 변덕으로 인한 갑작스럽고 지속적인 변화가 일어나지 않기 때문이다. 하지만 사회나 고정된 거주지 없이 다른 동물들 사이에서 사는 야만인은 일찌감치 다른 동물들과 자신의 힘을 비교해야 하는 상황에 놓이게 되고, 이윽고 양쪽을 비교해보고 자신이 힘보다는 기민함에서 그들보다 더 뛰어나다는 것을 알게 되면서, 더 이상 두려워하지 않게 된다.

곰이나 늑대를 건장하고 활기차며 결단력 있는(모든 야만인이 그러하다) 야만인과 맞붙게 해보라. 야만인이 돌과 튼튼한 막대기를 갖고 있다면, 적어도 양쪽이 다 위험하다는 것을 곧 알게 될 것이다. 그리고 이런 식으로 여러 차례 대결한 후, 서로를 공격하는 것을 좋아하지 않는 야생동물들은 자신들만큼이나 야생적인 인간을 공격하는 것도 별로 좋아하지 않게 될 것이다.

인간의 기민함보다 더 강한 힘을 가진 동물들에 대해 인간은, 비록 더 약하지만 어떻게 해서든 생존할 방법을 찾는 다른 약한 종들과 같은 입장에 있다. 그러나 인간에게는 그러한 약한 종들보다 더 큰 이점이 있다.

인간은 그들만큼 빠를 뿐만 아니라, 모든 나무에서 거의 침범할 수 없는 피난처를 찾을 수 있기 때문에, 필요할 때는 언제든 자유롭게 그곳으로 몸을 피하거나 떠날 수가 있다. 따라서 싸울지 도망갈지를 언제나 자신이 선택할 수 있다. 여기에 덧붙이자면, 자기를 방어하거나 극심한 굶주림에 시달리는 경우를 제외하고는 어떤 동물도 본능적으로 인간과 전쟁을 벌이지 않는다. 또한 자연이 특정 종을 다른 종의 먹이로 정해 놓은 것처럼 보이는 격렬한 반감을 인간에게는 드러내지 않는다.

그러나 더욱 강력한 다른 적들이 있으며, 인간에게는 이런 적들에 맞설 동일한 방어 수단이 제공되지 않는다. 그것은 자연적인 약점들, 즉 유년기와 노년기 그리고 모든 종류의 질병이다. 인간의 연약함을 보여주는 우울한 증거들로, 앞의 두 가지는 모든 동물에게 공통적으로 나타나며, 질병은 주로 사회 속에서 살아가는 인간에게 나타난다.

유년기의 경우, 엄마가 아이를 어디로든 데리고 다닐 수 있기 때문에 다른 동물들의 암컷보다는 훨씬 적은 노력으로 보호자의 역할을 할 수 있다는 점도 주목할 만하다. 다른 동물들은 한편으로는 자기 생존을 위한 먹이를 구하러 다녀야 하고 다른 한편으로는 새끼를 젖 먹이고 돌보아야 하므로 끊임없이 오가면서 상당한 노동과 피로를 겪어야 한다.

여성이 죽게 되면 아이도 함께 죽을 위험이 크다는 것은 사실이다. 하지만 이런 위험은 스스로 살아갈 능력을 갖추기까지 많은 시간이 필요한 수백 종의 다른 동물들에게도 공통적인 문제다. 인간의 유년기가 동물보다 길다면 수명도 그만큼 길다. 이런 점에서 보면 모든 것이 어느 정도는 평등하다고 할 수 있다. 물론, 인간과 다른 동물들의 생애 초기의 지속기간과 어린 개체수에 관한 다른 규칙들이 있긴 하지만, 이런 것들은 내가 다루려는 주제와는 관련이 없다.

노인들의 경우, 거의 움직이지 않고 땀도 많이 흘리지 않기 때문에 식량에 대한 수요도 능력이 줄어드는 것만큼 함께 감소한다. 또한 야만적인 생활은 통풍과 류머티즘을 예방해줄 것이며, 노년은 모든 질병 중에서 인간의 도움으로도 가장 완화하기 어려운 질병이므로, 그들은 결국 스스로도 거의 인지하지 못하고 타인들도 알아차리지 못한 채 생을 마감하게 될 것이다.

질병은 문명 사회의 산물이다

질병에 관해서는, 대부분의 사람들이 건강할 때 의술을 비방하려고 내세우는 헛된 주장과 거짓된 비난을 되풀이하지는 않겠다. 다만, 의술이 가장 소홀히 여겨지는 나라에서 인간의 평균 수명이 의술이 가장 발전된 나라보다 짧다는 확고한 관찰 결과가 있는지 묻고 싶다. 우리 스스로 만들어내는 질병이 의술이 제공할 수 있는 치료법보다 많다면, 어떻게 그것이 사실일 수 있겠는가?

인간의 몇몇 계층에서 나타나는 생활 방식의 극심한 불평등, 즉 일부 계층의 지나친 게으름과 다른 계층의 과도한 노동이 있다. 감각적인 욕구와 식욕을 자극하고 충족시키기 쉬운 환경이 마련되어 있는 부유층은 지나치게 고급스럽고 이색적인 음식들을 섭취해 몸에 과도한 체액이 축적되고 소화불량에 시달린다. 반면, 빈곤층은 건강에 좋지 않은 음식을 섭취하며, 그마저도 자주 부족해 기회가 있을 때마다 허겁지겁 먹으면서 위에 과부하를 초래한다.

인간의 정신은 온갖 종류의 과도한 경계, 격렬한 감정의 폭발, 피로, 정신적 소모, 한마디로 인간의 모든 조건에 따라붙는 수많은 고통과 불안들로 끊임없는 괴로움을 겪는다. 이러한 것들은 대부분의 질병이 우리 스스로가 만든 것임을 보여주는 피할 수 없는 증거이다. 자연이 권장하는 단순하고 일정하며 고독한 생활 방식을 따랐다면 이러한 고통은 모두 피할 수 있었을 것이다.

자연은 언제나 인간이 건강을 누리도록 의도한다고 가정할 때, 나는 사색의 상태는 자연에 반하는 상태이며, 명상하는 인간은 타락한 동물이라고 거의 확신하듯 말할 수 있다. 우리는 단지 야만인들의 건강한 체질, 적어도 독한 술로 망쳐놓지 않은 그들의 몸 상태를 떠올리기만 하면 된다.

부상이나 노령으로 인한 질병 외에는 거의 모든 질병과 무관하다는 사실을 떠올리기만 해도, 인간의 질병의 역사는 문명사회의 역사와 함께 쉽게 작성될 수 있다는 것을 어느 정도 확신할 수 있다. 적어도 플라톤의 의견은 그러했다. 그는 트로이 전쟁 당시 포달레이리오스와 마카온(그리스 신화에서 의술의 신, 에스클레피오스의 두 아들)이 사용했거나 승인했던 몇 가지 치료법을 통해, 그

시대에 이 치료법이 적용되었던 여러 질병들이 먼 과거에는 인간에게 알려지지 않았던 것이라고 결론지었다.

따라서 질병의 원인이 거의 없었던 자연 상태의 인간은 약이 필요할 일이 거의 없었으며, 의사가 필요할 일은 더욱더 없었다. 이런 점에서 인간이 다른 동물 종들과 비교해 더 불쌍하게 여겨져야 할 이유가 없다. 사냥을 취미나 직업으로 삼는 사람들에게 사냥 중에 병들었거나 허약한 동물을 많이 만나는지 물어보라.

그들은 상당한 상처의 흔적을 지니고 있지만 완벽히 치유된 동물들을 많이 마주치게 된다. 오직 시간과 일상적인 생활 방식 외에는 다른 외과적 처치나 식이 요법을 받지 않았지만, 이전에 부러졌던 뼈와 거의 떨어져 나갈 뻔했던 사지가 완벽하게 아물고 치유된 동물들이 있다.

절개로 고통 받거나, 약물에 중독되거나, 식이 제한과 금식으로 시달리지 않았음에도 이 동물들의 회복은 거의 완벽하다. 한마디로, 사회 속에서 사는 우리에게 잘 처방된 의학이 유용할 수는 있지만, 한편으로는 아무런 도움도 받지 못하는 병든 야만인은 자연으로부터 기대할 수 있는 것이 없다 해도, 질병 외에는 두려워할 것이 없다면, 이러한 환경에서는 종종 동물이 우리보다 더 나은 상황에 있다는 것은 의심할 여지가 없다.

그러므로 우리가 매일 만나고 대화하는 사람들과 야만인을 혼동하지 않도록 주의해야 한다. 자연은 자신에게 맡겨진 모든 동물들을 편애하는 것처럼 행동하면서 마치 자연이 그 특전을 얼마나 지키려고 하는지를 증명하려는 것처럼 보인다. 말, 고양이, 소, 심지어 당나귀조차 인간의 집보다 숲 속에서 체격이 더 크고, 더 튼튼하며, 더 활기차며, 더 힘차고 용감하다. 동물들은 가축이 되면서 이러한 장점들의 절반을 잃게 되며, 친절하게 대하고 잘 먹이려는 우리의 모든 관심은 오히려 동물들을 퇴화시키는 것처럼 보인다. 인간도 마찬가지다.

사회에 적응하고 타인에게 종속될수록 인간은 약해지고, 겁을 내고, 비굴해지며, 부드럽고 나약한 생활 방식은 힘과 용기를 완전히 약화시킨다. 또한, 야생 상태와 가축 상태의 동물 간의 차이보다 야만 상태와 문명 상태의 인간 간의 차이가 더 클 수밖에 없다는 점도 덧붙일 수 있겠다. 자연은 인간과 동물을 똑같이 대우했지만, 인간이 길들여진 동물에게 제공하는 것보다 자기 자신에게 더 많이 허용했던 모든 편의들이 인간을 더 뚜렷하게 퇴보시키는 특별한 원인이 되기 때문이다.

그러므로 원시인들에게는 벌거벗고, 집 없이 산다는 것 그리고 우리가 꼭 필요하다고 여기는 이 모든 불필요한 것들이 결코 큰 불편이 아니며, 생존에도 전혀 장애가 되지 않는다.

피부에는 털이 없지만, 따뜻한 기후에서는 그런 덮개가 필요하지 않으며, 추운 기후에서는 자신들이 획득한 동물의 가죽을 덮개로 사용하는 법을 금세 배운다. 달리기 위한 다리가 두 개뿐이 없지만, 자신을 방어하고 필요한 것들을 모두 마련하기 위한 두 손이 있다. 아이들을 걷게 하기까지 많은 시간과 노력이 기울여야 하지만, 엄마들은 아이들을 쉽게 안고 다닌다. 이것은 다른 동물들이 누리지 못하는 장점으로, 동물의 어미는 쫓기게 되면 새끼를 버리거나, 새끼의 걸음걸이에 맞춰 속도를 조절해야만 한다.

요컨대, 내가 지금부터 언급할 특이하고 우연한 상황들이 있었다고 가정하지 않는다면, 그리고 그러한 상황들이 실제로 없었을 가능성이 크다면, 어떤 경우에서든 명백한 것은 처음으로 옷을 입고 오두막을 지은 인간은 그다지 필요하지 않던 것들을 마련했다는 점이다. 그때까지 그런 것들 없이 살아왔기 때문이다. 왜 어린 시절부터 살아왔던 것과 같은 방식의 삶을 성인이되어서는 지속할 수 없었던 것일까?

홀로 지내며, 한가하고, 항상 위험에 둘러싸인 야만인은 잠을 좋아했을 것이며, 생각을 거의 하지 않는 다른 동물들처럼 가볍게 잠을 잤을 것이다. 생각하지 않는 시간에는 내내 잠을 잤을 것이라고 할 수 있다. 자기 보존이 거의 유일한 관심사이기 때문에, 먹이를 잡거나 다른 동물들의 먹이가 되지 않기 위해 공격과 방어에 가장 유용한 능력들을 주로 사용했을 것이다. 반면에 부드러움과 감각적 쾌락만이 발달시킬 수 있는 기관들은 모두 섬세함과는 전혀 어울리지 않는 거친 상태로 남아 있었을 것이다.

감각이 이렇게 나뉘어져 있었기 때문에, 촉각과 미각은 매우 둔하고 거칠겠지만, 시각과 청각, 후각은 모두 예민했을 것이다. 이것이 일반적인 동물의 상태이며, 여행자들의 말을 믿는다면 대부분의 야만 국가들도 그러했을 것이다.

그러므로 우리는 희망봉의 호텐토트족(Hottentots)이 맨눈으로 바다 위에 있는 배를 네덜란드인들이 망원경으로 보는 것만큼이나 먼 거리에서 식별한다거나, 아메리카의 야만인들이 스페인 사람들의 발자취를 뛰어난 사냥개만큼이나 정확하게 후각으로 추적한다는 사실도 놀랄 일이 아니다. 또한 이들 야만 민족들이 벌거벗고도 고통 없이 생활하며, 음식의 맛을 내기 위해 대량의 피멘토(Piemento : 매운 고추 또는 칠리)를 사용하고, 유럽의 가장 독한 술을 물처럼 마신다는 사실에도 놀랄 필요가 없다.

지금까지는 단지 육체적 능력으로만 인간을 생각했지만, 이제는 형이상학적이고 도덕적인 관점에서 살펴보기로 하자.

단순한 모든 동물에서 발견할 수 있는 것은 자연이 부여한 감각을 통해 스스로를 조정하고, 자신을 파괴하거나 혼란에 빠뜨릴 수 있는 모든 것에 어느 정도 대처하도록 만든 정교한 기계에 불과하다는 사실뿐이다. 인간이라는 기계에서도 동일한 점을 발견하지만, 한 가지 차이점이 있다.

동물이라는 기계는 오직 자연에 의해 작동하지만, 인간은 자유의지의 주체로서 그 작동에 일부분 참여한다는 점이다. 동물은 본능에 따라 선택하고, 인간은 자유 행위를 통해 선택한다. 이러한 이유로 동물은 규칙을 벗어나는 것이 도움이 되는 경우에도 주어진 규칙을 벗어날 수 없다. 반면에 인간은 주어진 규칙을 자주 어기는 것으로 자신에게 해를 입힌다.

예를 들어, 비둘기는 최고의 고기 요리 옆에서 굶주릴 것이고, 고양이는 과일이나 곡물 더미 위에서 굶주릴 것이다. 그 음식을 시도해 보기만 했다면 생명을 유지할 수 있다 해도 그렇다. 이와 마찬가지로, 방탕한 사람들은 과도한 행동을 통해 열병을 앓거나 죽음에 이르게 된다. 이는 정신이 감각을 타락시키고, 자연이 더 이상 말을 건네지 않을 때도 의지가 여전히 지시를 내리기 때문이다.

모든 동물에게는 감각이 있으므로, 모두 생각이 있을 것이라고 인정해야 한다. 심지어 어느 정도까지는 생각들을 결합하기도 한다. 이런 면에서 인간과 동물의 차이를 만드는 것은 단지 그 결합의 정도일 뿐이다. 일부 철학자들은 인간들 간의 차이가 사람과 동물 간의 차이보다 더 크다고 주장하기까지 한다. 따라서 동물들 사이에서 인간을 특별하게 구별하는 것은 이해력보다는 자유의지라는 속성이다.

자연은 모든 동물에게 말을 걸고, 동물들은 그 목소리에 순종한다. 인간도 똑같은 영향을 받지만, 동시에 저항하거나 받아들일 자유가 있음을 인식한다. 바로 이 자유에 대한 자각을 통해 영혼의 영적인 성질이 두드러지게 나타난다.

자연철학이 감각의 메커니즘과 사상의 형성을 어느 정도 설명할 수는 있지만, 의지의 힘, 더 정확히 말해 선택의 힘과 이 힘에 대한 자각 속에서는 순전히 영적인 행위 외에는 아무것도 발견할 수 없다. 이것은 기계의 법칙으로 설명될 수 없다.

이 모든 질문들이 내포하고 있는 어려움이 인간과 동물 간의 차이에 대한 논쟁의 여지를 남긴다 해도, 그들을 구별하는 또 하나의 매우 독특한 특성이 있다. 논쟁의 여지가 없는 이 특성은 바로 '개선의 능력'이다.

이 능력은 주어진 상황에 따라 다른 모든 능력들을 차례로 펼치게 하며, 종 전체뿐만 아니라 인간 종을 구성하는 개개인에게도 존재한다. 반면에 동물은 몇 개월이 지나고 나면 평생 동안 그 이상으로 발전하지 않으며, 동물 종은 천 년이 지나도 첫 해와 정확히 동일한 상태를 유지한다.

왜 인간만이 노망(老妄)에 시달리는가? 원시적인 상태로 되돌아가기 때문이 아닐까? 동물은 아무것도 얻지 않았고 따라서 잃을 것도 없으므로 언제나 본능을 유지하지만, 인간은 완전성을 추구하며 쌓아온 모든 것을 노화나 사고로 잃게 되면서 동물보다 더 낮은 상태로 돌아가게 되는 것은 아닐까?

독특하고 거의 무한한 이런 능력이 인간의 모든 불행의 원천이라는 사실을 인정해야 한다면, 그것은 매우 슬픈 필연일 것이다. 비록 느리지만, 평화롭고 순수하게 별다른 자각 없이 하루하루를 보내던 본래의 상태에서 서서히 벗어나게 하는 것도 이 능력이며, 오랜 세월 동안 인간의 발견과 오류, 미덕과 악덕을 만들어내고 결국에는 자기 자신과 자연의 폭군이 되도록 만드는 것도 바로 이 능력이다.

오로노코 인디언들(Oronoco Indians)에게 아이들의 관자놀이에 판자를 묶어(아이들의 두개골을 압박해 특정한 형태로 만드는 관습) 타고난 무지와 행복의 일부라도 유지하게 했던 방법을 처음으로 제안했던 자를 자비로운 존재로 칭송해야 한다는 것은 충격적인 일이 아닐 수 없다.

야만인은 순수한 본능에만 의존하도록 자연에 의해 방치되었거나, 어쩌면 주어지지 않은 본능을 대신할 수 있는 능력들, 그리고 나중에 훨씬 더 높은 수준으로 끌어올릴 수 있는 능력들로 보상받았을 것이다. 따라서 야만인은 순전히 동물적인 기능들만으로 삶을 시작했으며, 다른 동물들과 마찬가지로 보고 느끼는 가장 기본적인 상태를 유지하고 있었을 것이다. 하려는 것과 하지 않으려는 것, 바라는 것과 무서워하는 것이 우선적이면서 유일한 작용이었으며, 새로운 상황이 새로운 발전을 가져올 때까지 그 상태에 머물었을 것이다.

정신의 발달은 자연 환경의 결과

도덕가들이 어떻게 말하든, 인간의 이해력은 열정에 크게 빚지고 있으며, 열정 또한 인간의 이해력에 크게 빚지고 있다는 것은 보편적으로 인정된다. 우리의 이성이 발전하는 것은 우리의 열정이 활발하게 작용하기 때문이다. 우리는 단지 즐거움을 원하기 때문에 지식을 갈망하며, 두려움과 욕망이 없는 사람이 굳이 이성을 동원해 사고할 이유는 상상하기조차 어렵다.

열정은 우리의 욕구에서 비롯되며, 과학의 진보에 따라 점점 더 늘어난다. 우리는 어떤 것에 대해 아이디어를 갖거나, 자연의 단순한 충동에 의해 영향을 받을 때만 욕망하거나 두려워할 수 있기 때문이다. 지식이 전혀 없는 야만인은 오직 이런 단순한 열정만을 경험하며, 욕망은 결코 신체적인 욕구를 넘어서지 않는다. 그가 아는 선(善)은 음식, 짝짓기 그리고 휴식뿐이며, 두려워하는 악(惡)은 고통과 배고픔뿐이다. 나는 고통이라고 말할 뿐 죽음은 포함시키지 않는다.

동물은 너무 단순해서 죽는다는 것이 무엇인지 모르며, 죽음에 대한 지식이 없기 때문이다. 죽음과 그에 대한 공포를 아는 것은 인간이 동물의 상태에서 벗어나면서 처음으로 얻는 인식 중의 하나이다. 필요하다면 이 의견을 뒷받침할 사실들을 쉽게 인용할 수 있을 것이다.

또한 정신의 발달은 자연이 그곳의 거주민들에게 노출시킨 필요, 또는 환경이 그들에게 부여한 필요와 정확히 보조를 맞추었으며, 그 결과로서 이런 필요들을 충족시키려는 열정과도 보조를 맞추었다는 점을 보여줄 수 있을 것이다.

예를 들어, 이집트에서 나일강의 범람과 함께 시작되고 확장된 예술을 제시할 수 있을 것이다. 또한 그리스에서 모래와 바위로 뒤덮인 아티카(Attica: 고대 그리스 수도 아테네 주변지역)의 땅에서 싹을 틔우고 자라나 하늘로 솟아올랐지만, 비옥한 에우로타스(Eurotas : 고대 그리스 펠로폰네소스 반도 남부) 강둑에서는 뿌리 내릴 수 없었던 예술의 발달 과정을 추적할 수 있을 것이다. 일반적으로

북방의 사람들이 남방의 사람들보다 더 부지런한 것은 근면하지 않으면 살아가기 어렵기 때문이라는 것을 알 수 있다. 마치 자연이 모든 것을 평등하게 만들려고 하려는 것처럼, 땅에는 제공하지 않은 비옥함을 정신에 부여하여 균형을 맞추려고 한 것처럼 보인다.

그러나 역사의 불확실한 증거들을 배제한다 해도, 야만인에게는 자신의 상태를 바꾸려는 충동이나 수단이 없다는 것을 알아차리지 못할 사람이 있을까? 그에겐 상상력이 없으며, 바라는 것도 전혀 없다. 적당한 욕구는 어디서나 손쉽게 구할 수 있는 것들로 쉽게 충족되며, 더 많은 것을 탐내기 위해 꼭 필요한 지식은 거의 없으므로, 예측하거나 호기심을 품는 일도 없다.

자연의 모습에 점점 익숙해지면서 결국에는 모든 것에 무관심해진다. 항상 동일한 순서로, 항상 동일한 일들이 반복된다. 엄청나게 놀라운 광경을 본다 해도 깜짝 놀랄 만한 감각조차 없다. 매일 보는 것을 한 번이라도 관찰하기 위해 필요한 철학적 사고도 하지 못한다. 그의 영혼을 동요시키지는 것이 전혀 없으므로 가장 가까운 미래조차 생각하지 않으며, 전적으로 현실적인 생존에만 몰두한다. 계획 역시 시야만큼이나 제한되어 있어 하루 이상을 넘기지 못한다. 카리브 해 원주민들의 예측하는 능력은 지금도 그 수준에 머물러 있다. 밤에 다시 필요할 것이라는 점을 미처 예측하지 못한 그들은 아침에 면 침구를 내다 팔고, 저녁에 울면서 다시 사러 온다.

이 주제에 대해 깊이 생각할수록 우리의 눈에는 단순한 감각과 가장 단순한 지식 사이의 거리는 점점 더 넓게만 보인다. 의사소통의 도움이나 필요에 따른 자극 없이 오로지 인간 자신의 능력만으로, 이렇게 큰 간극을 어떻게 극복할 수 있었는지 상상하기란 불가능하다. 하늘에서 내려오는 불 외의 다른 불을 보게 되기까지 얼마나 많은 시간이 흘렀을까? 이 원소(元素)의 가장 일반적인 용도를 익힐 때까지 얼마나 많은 우연한 사건들이 동시에 일어나야 했을까? 불을 다시 피우는 기술을 알기 전까지 얼마나 자주 불을 꺼트렸을까?

그리고 이 모든 비밀들이 발견자와 함께 사라진 경우는 얼마나 많았을까? 엄청난 노동과 예측이 필요한 기술인 농업은 어땠을까? 농업은 다른 기술들에 의존하며, 완전한 사회는 아니라 해도 어느 정도는 체계가 있는 사회에서만 실행될 수 있다는 것은 분명하다. 그리고 농업은 식량을 얻기 위한 것이라기보다, 다른 무엇보다 우리가 가장 좋아하는 것을 우선적으로 생산하게끔 땅에게 강요하는 것이다. 땅은 그런 힘든 과정 없이도 식량을 제공할 것이기 때문이다.

그러나 인간이 너무 많이 늘어나서 지구의 자연적인 생산물만으로는 더 이상 생계를 유지할 수 없게 되었다고 가정해보자. 이 가정은, 덧붙여 말하자면, 이러한 생활 방식이 인간 종에게 매우 유리하다는 것을 증명할 것이다.

대장간이나 모루 없이 경작 도구가 하늘에서 야만인들의 손에 떨어졌다고 가정해보자. 이 사람들이 그들이 모두 가지고 있는 지속적인 노동에 대한 극도의 혐오를 극복했다고 가정해보자. 그들이 먼 미래의 필요를 예측하는 법을 배웠고, 어떻게 땅을 갈고 씨앗을 심고 나무를 심어야 할지 정확히 추정했다고 가정해보자. 그들이 곡식을 빻는 기술과, 발효를 통해 포도즙을 개선하는 방법을 알아냈다고 가정해보자.

이러한 모든 작업은 그들 스스로 그런 발견을 할 수 있었을 것이라고 생각할 수 없으므로, 신들에게서 배운 것이라고 인정할 수밖에 없다. 그렇다면, 그 모든 훌륭한 선물이 주어졌음에도 불구하고, 사람이든 짐승이든 먼저 차지하려고 달려드는 것들에게 자신이 재배한 작물을 빼앗길지도 모를 상황에서 누가 밭을 경작하려고 할까?

자신의 노동과 피로에 대한 보상을 원하는 만큼이나 보상은 점점 더 불확실해지는데, 누가 기꺼이 하루 종일 노동과 피로 속에서 보내려고 할까? 한마디로 말해, 땅이 분배되지 않은 상태, 즉 자연 상태가 지속되고 있는 상황에서 어떻게 사람들이 땅을 경작하도록 만들 수 있을까?

비록 철학자들이 묘사하는 것처럼 야만인이 사고의 기술에 정통하다고 가정하더라도, 또한 그들 스스로 가장 고귀한 진리를 발견하고, 가장 추상적인 논증을 통해 정의와 이성의 원칙을 세우며, 일반적인 질서에 대한 사랑이나 창조주의 알려진 의지로부터 그러한 원칙을 도출하는 철학자로 만든다 해도, 한마디로 우리가 그의 정신이 둔하고 어리석다고 여기는 것과는 달리 실제로는 지적이고 계몽되었다고 가정하더라도, 전달될 수도 없고 그것을 발견한 개인과 함께 사라질 뿐이라면 이 모든 형이상학적 발견들로부터 인류가 얻을 수 있는 이익은 무엇일까?

다른 동물들 사이에 흩어져 살고 있는 인간들이 숲 속에서 어떤 진보를 이룰 수 있을까? 고정된 거처가 없고, 서로의 도움을 필요로 하지 않는 상황에서, 같은 사람들이 평생 두 번 만나는 적도 없고, 만난다 해도 서로 대화하지 않으며 심지어 서로를 알아보지도 못하는 상황에서 인간이 어떻게 서로를 향상시키고 계몽시킬 수 있을까?

언어의 발달 과정

우리가 얼마나 많은 개념들을 언어의 사용 덕분에 얻게 되었는지를 생각해보자. 문법이 얼마나 많이 사고의 과정을 훈련시키고 용이하게 만드는지도 생각해보자. 더불어, 언어가 처음으로 발명되기까지 얼마나 많은 고통과 시간이 필요했을지 생각해보자. 이러한 생각들을 앞서 말한 것들에 더하면, 인간의 정신이 생산해낼 수 있는 과정을 연속적으로 발전시키기 위해 수천 년의 시간이 필요했다는 것을 알아차릴 수 있다.

이제 언어의 기원에 수반되는 난점들을 고려하기 위해 잠시 논의를 멈추고자 한다. 이 문제와 관련된 콩디약(Condillac : 18세기 프랑스 철학자) 신부의 연구를 단순히 인용하거나 반복할 수 있을 것이다. 그의 연구는 모두 나의 이론을 완전히 뒷받침하며, 어쩌면 내게 이 이론의 첫 번째 아이디어를 제공했을지도 모르겠다. 그러나 이 철학자가 임의적 기호의 기원과 관련된 자신의 출발점에서 난점을 해결하는 방식은, 그가 언어의 발명자들 사이에 이미 확립된 어떤 사회가 존재했다고 가정하고 있음을 보여준다. 이는 내가 의심하는 가정이다. 따라서 그의 성찰을 참조하는 동시에, 나의 주제에 적합한 방식으로 같은 난점들을 밝히기 위해 나 자신의 성찰을 제시하는 것이 나의 의무라고 생각한다.

언어가 어떻게 필요하게 되었는지에 대한 문제를 먼저 고려해 보자. 사람들 사이에 교류가 없었고, 그럴 필요조차 없었다면, 언어의 발명이 필요했을 이유를 상상할 수 없기 때문이다. 또한, 언어 사용이 불가피하지 않았다면 그 발명이 가능했을 리도 없다. 다른 많은 사람들처럼 언어가 부모와 자녀 간의 가정 내 교류의 산물이라고 말할 수도 있을 것이다. 그러나 이는 어떤 어려움도 해결하지 못할 뿐만 아니라, 자연 상태에 대해 논의하면서 사회에서 얻은 개념을 그 상태에 전가하는 것과 같은 오류를 범하는 것이다.

그들은 항상 가족이 한 지붕 아래 함께 살며, 시민 사회에서처럼 여러 공통의 이익들이 그들을 결속시키듯 가족 구성원들 간에도 같은 정도의 친밀하고 영구적인 유대가 있을 것으로 여긴다. 하지만 이 원시 상태에서는 집이나 오두막, 혹은 어떤 형태의 재산도 없었기 때문에, 각자는 아무 데서나 잠자리를 정하고, 같은 장소에 하룻밤 이상 머무는 일은 거의 없었다. 남녀는 우연히, 혹은 필요나 욕망에 따라 계획 없이 결합했으며, 서로의 생각을 전달하기 위한 언어가 크게 필요하지도 않았다.

헤어질 때도 마찬가지로 쉽게 헤어졌다. 엄마는 아이가 막 태어났을 때는 자신의 필요에 의해 젖을 먹였지만, 시간이 지나 아이를 소중하게 여기는 습관과 관습이 생겼을 때는 사랑과 애정으로 젖을 먹였다. 그러나 스스로 먹이를 구할 만큼 충분히 강해지자마자, 아이들은 자발적으로 엄마와도 헤어졌다. 서로를 잃지 않는 유일한 방법은 항상 서로의 시야 안에 머무르는 것뿐이었기 때문에, 그들은 곧 서로를 완전히 잊어버리는 지경에 이르렀고, 우연히 다시 만나도 서로를 알아보지 못했다.

또 한 가지를 더 언급해야겠다. 아이는 자신의 모든 욕구를 표현해야 했으므로, 엄마가 아이에게 할 말보다 아이가 엄마에게 할 말이 훨씬 많았다. 따라서 아이가 언어를 발명하는 데 더 많은 역할을 했어야 했으며, 사용하는 언어는 상당 부분 아이의 창작물일 수밖에 없다. 이는 사용하는 사람의 수만큼 언어의 수가 많아지게 만든다.

이러한 언어의 다양성은 그들의 떠돌이 생활로 인해 더욱 증가한다. 이런 삶의 방식은 어떤 언어도 일관성을 확보할 만큼 충분한 시간을 갖지 못하게 한다. 엄마가 아이에게 이것저것을 요청할 때 사용할 단어를 가르쳤을 것이라는 설명은 이미 형성된 언어가 어떻게 교육되는지를 설명할 수는 있지만, 언어가 처음에 어떻게 형성되었는지를 보여주지는 못한다.

이런 첫 번째 어려움을 극복했다고 가정해보자. 자연 상태와 언어가 필요해진 상태 사이를 가로막고 있었을 엄청난 간격을 잠시 뒤로 하고, 그러한 필요성을 인정한 후에, 언어가 어떻게 정립될 수 있었는지 검토해보자.

이는 이전보다 훨씬 까다로운 새로운 어려움이다. 인간이 사고하는 법을 배우기 위해 언어가 필요했다면, 언어를 발명하기 위해서는 사고하는 기술이 더욱 필요했을 것이기 때문이다. 목소리가 우리의 아이디어를 전달하기 위한 관습적인 해석자로 사용되었음을 이해할 수 있다 하더라도, 그러한 관습의 해석자가 누구였는지, 감각적 대상이 없어서 몸짓이나 목소리로 드러낼 수 없는 아이디어의 해석자가 누구였는지를 아는 것과는 별개의 문제다. 따라서 우리는 생각을 전달하고 정신과 정신 사이에 소통을 확립하는 이 기술의 탄생에 관해 그럴듯한 추측조차 제대로 할 수 없다.

이 숭고한 기술은 그 기원으로부터 너무 멀리 떨어져 있어서 철학자들은 그 완성까지의 거리가 너무나 멀다고 보고 있다. 나는 이러한 기술이 완성에 도달할 것이라고 자신 있게 말하는 철학자를 본 적이 없다. 시간에 따라 일어나는 필연적인 변화가 이 기술을 발전시키는 데 유리하도록 중단된다 해도, 편견이 우리 학계에서 추방되거나 최소한 기꺼이 침묵한다고 해도, 그리고 학자들이 이 복잡한 문제를 연구하는 데 온전히 헌신한다 해도 마찬가지이다.

인간이 처음으로 사용한 언어는 모든 언어들 중에서 가장 보편적이고 가장 강력한 언어였다. 간단히 말해, 집단을 설득해야 할 필요가 생기기 전까지 사용했던 유일한 언어는 자연스러운 울부짖음이었다. 이 울부짖음은 본능에 따라 매우 긴급한 상황에서 도움을 청하거나 극심한 고통에서 구원을 간청할 때에만 필요했으며, 온화한 감정들이 우세한 일상적인 상황에서는 거의 쓸모가 없었다.

인간의 생각이 확장되고 다양해지고 그들 사이의 소통이 더 긴밀해지기 시작하자, 더 많은 신호와 더 폭넓은 언어를 만들어내기 위해 노력했다. 그 결과 목소리의 억양을 다양화하고, 본질적으로 표현력이 더 강하고, 사전 합의에 덜 의존하는 몸짓을 추가했다.

따라서 그들은 눈에 보이고 움직일 수 있는 사물들은 몸짓으로 표현했고, 귀에 들리는 것들은 모방하는 소리로 표현했다. 그러나 몸짓은 실제로 존재하거나 쉽게 묘사할 수 있는 사물들과 가시적인 행동 외에는 거의 아무것도 나타내지 못한다. 또한 어둡거나 불투명한 매개체로 가로막힐 때는 쓸모가 없기 때문에 일반적으로 사용하기 어렵다. 게다가 몸짓은 주의를 끌기보다 오히려 주의를 요구한다.

결국 인간은 이러한 몸짓을 음성의 조음으로 대체하는 것을 생각해냈다. 음성의 조음은 특정 대상과 동일한 연관성을 갖지 않으면서도, 관습적으로 정해진 기호의 속성으로 인해 우리의 모든 생각을 표현하는 데 더 적합했다. 그러나 이러한 대체는 공통된 합의에 의해서만 가능했으며, 훈련되지 않은 조잡한 발성기관을 가진 사람들에게는 실행하기 매우 어려운 방식이었다. 더욱이, 이러한 만장일치의 합의를 이끌어내기 위한 동기가 어떻게든 표현되어야 했기 때문에, 결국 언어의 사용을 확립하기 위해서는 언어 자체가 절대적으로 필요했음이 분명하다.

우리는 사람들이 처음 사용했던 단어들이 오늘날 어느 정도 발달된 언어에서 사용되는 단어들보다 훨씬 더 광범위한 의미를 가졌다는 점을 인정해야 한다. 그들은 언어를 구성하는 요소들로 나누는 개념을 전혀 알지 못했으므로, 처음에는 각 단어에 하나의 완전한 진술의 의미를 부여했다. 이후에 주어와 술어, 동사와 명사의 차이를 인지하기 시작했을 때, 이는 상당한 천재성을 요구하는 구분이었다.

한동안 명사는 단지 고유명사로만 사용되었고, 동사는 오직 부정사 형태로만 존재했다. 형용사의 경우, 이를 나타내는 개념을 발전시키는 데 큰 어려움이 따랐는데, 모든 형용사는 추상적 단어이며, 추상화란 본질적으로 인위적이고 매우 고통스러운 과정이기 때문이다.

처음에는 모든 사물에 독특한 이름을 붙였으며, 그것이 속하는 속(genus)이나 종(species)에 대해서는 전혀 고려하지 않았다. 언어 창시자들은 이를 구분할 수 있는 상태에 있지 않았다. 따라

서 각 사물은 자연의 질서 속에서 고립된 개별적인 존재로 인식
되었다.

그들은 어느 참나무를 A라고 부르면, 다른 참나무를 B라고
불렀다. 이로 인해 그들의 어휘는 사물에 대한 지식이 제한적일
수록 더욱 방대해질 수밖에 없었다. 이렇게 분산되고 혼란스러
운 명명법에서 벗어나는 것은 매우 어려운 일이었을 것이다. 여
러 존재를 공통적이고 일반적인 명칭 아래 배열하기 위해서는
먼저 그들의 속성과 차이점을 파악해야 했기 때문이다. 이를 위
해서는 관찰과 정의, 즉 자연사와 형이상학을 이해해야 했는데,
이는 당시 사람들에게는 누릴 수 없는 혜택이었다.

게다가 일반적인 개념은 단어의 도움 없이는 정신 속에 전달
될 수 없고, 진술의 도움 없이는 그런 개념을 이해할 수도 없다.
이것은 동물들이 그런 개념을 형성할 수 없고, 그러한 과정을
통해 완전성을 획득할 수 없는 이유들 중의 하나이다. 원숭이가
아무 망설임 없이 어느 하나의 견과를 다른 것으로 바꾼다면,
그것이 그 수확물의 종류에 대한 일반적인 개념을 가지고 있으
며, 그 두 개의 개별적인 물체를 원형 개념과 비교한다고 생각
할 수 있을까? 절대 그렇지 않다. 하나의 견과를 보면, 다른 견
과에서 받은 감각을 기억 속에 불러일으킬 뿐이며, 눈이 특정한
방식으로 조정되어, 미각이 경험하게 될 맛의 변화를 알리는 것

이다.

　모든 일반적인 개념은 순전히 지적인 것이다. 여기에 조금이라도 상상력이 개입하면, 즉시 특정한 개념으로 변해버린다. 당신이 '일반적인 나무'의 이미지를 떠올리려 노력해도 절대 그렇게 할 수 없을 것이다. 모든 노력을 기울이더라도 그 나무는 크거나 작거나, 빈약하거나 울창하거나, 밝거나 짙은 색으로 나타날 것이다. 그리고 만약 당신이 모든 나무에서 볼 수 있는 요소만을 보려고 한다면, 그러한 그림은 더 이상 어떤 나무와도 닮지 않게 될 것이다. 완전히 추상적인 존재들도 이와 같은 방식으로 인식되거나, 오직 언어의 도움으로만 개념화될 수 있다.

　삼각형의 정의만이 그 도형에 대한 올바른 개념을 제공할 수 있다. 당신이 마음속에 삼각형을 떠올리는 순간, 그것은 특정한 삼각형일 수밖에 없으며, 다른 삼각형이 될 수 없다. 또한 당신은 그 선에 너비를, 그 면에 색을 부여하지 않을 수 없다. 따라서 우리는 진술을 사용해야 하고, 일반 개념을 가지려면 반드시 말을 해야 한다. 상상력이 멈추는 순간, 언어의 도움을 받지 않는다면 정신도 멈추어버리기 때문이다. 그러므로 최초의 창시자들이 이미 가지고 있던 개념들에만 이름을 붙일 수 있었다면, 최초의 명사들은 고유명사 이상의 것이 될 수 없었을 것이다.

　그러나 어떤 방식이었을지 알 수는 없지만, 새로운 문법학자들이 개념을 확장하고 단어를 일반화하기 시작했을 때, 창시자들의 무지가 이 방법을 매우 제한된 범위로 좁혔음이 틀림없다. 처음에는 속과 종이라는 구분을 알지 못해 개별 대상에 너무 많은 이름을 붙였지만, 나중에는 존재들의 모든 차이를 고려하지 못해 속과 종을 지나치게 적게 구분하게 되었을 것이다.

이러한 구분을 충분히 밀고 나가려면, 그들은 우리가 허용할 수 있는 것보다 더 많은 지식과 경험을 가져야 했으며, 우리가 그들이 감수했으리라고 상상할 수 있는 것보다 더 많은 연구와 노력을 기울였어야 했을 것이다.

지금 이 순간에도 우리는 매일 새로운 종을 발견하고 있는데, 그전까지 있었던 모든 관찰에서 놓쳤던 종들이다. 그렇다면 단지 첫인상만으로 사물들을 판단했던 사람들은 얼마나 많은 종들을 놓쳤을까! 원시적인 분류와 가장 일반적인 개념들에 대해서는 언급할 필요도 없다. 이 또한 그들이 간과했음이 분명하다. 예를 들어, 그들이 '물질', '정신', '실체', '양태', '형태', '운동'이라는 단어를 어떻게 생각해내거나 이해할 수 있었을까? 심지어 오랫동안 이러한 용어들을 끊임없이 사용해온 철학자들조차도 그 의미를 제대로 이해하지 못한다. 게다가 이러한 단어들과 연결된 개념들은 순전히 형이상학적이어서 자연에서는 그 어떤 모델도 찾을 수 없기 때문이다.

여기에서 언어의 기원에 관한 첫 번째 단계를 마무리하면서, 심판관 여러분께 잠시 읽기를 멈추고 언어가 인간의 모든 감정을 표현하고, 일정한 형태를 갖추어 공적으로 말해지며 사회에 영향을 미치기 위해, (비록 언어 중에서 가장 발명하기 쉬운 부분이긴 하지만) 물질적 명사들의 발명에 있어서조차 아직도 얼마나 많은 발전이 필요한지를 고려해주기를 부탁드린다. 또한, 수사(數詞), 추상적인 단어들, 동사의 부정과거와 다른 모든 시제들, 접속사들, 구문, 명제와 논거를 연결하는 방법, 모든 논리적 담론을 구성하는 방법을 찾아내는 데 얼마나 많은 시간과 지식이 필요했을지 깊이 생각해보기를 간절히 요청한다.

나로서는, 매 단계마다 점점 더 많아지는 난관에 놀라며, 언어가 순전히 인간의 수단에 의해 그 탄생과 확립을 이룬다는 것은 거의 불가능하다는 확신에 이르렀기에, 앞으로 기꺼이 이 어려운 문제를 해결하는 과제를 맡아줄 사람에게 떠넘기고 싶다. '언어를 발명하기 위해 이미 형성된 사회가 더 필요했을까, 아니면 사회를 형성하기 위해 이미 발명된 언어가 더 필요했을까?'

하지만 언어의 기원이 아무리 신비롭다 해도, 적어도 우리는 자연이 상호 필요를 통해 인간을 서로 결합시키거나, 언어 사용을 쉽게 해주기 위해 거의 신경 쓰지 않았다는 사실에서, 자연이 인간을 사회적 존재로 만들거나 인간이 스스로 사회적 존재가 되기 위해 해온 일들에 거의 기여한 바가 없다는 것을 추론할 수 있다.

실제로, 왜 원시 상태에서 한 인간이 다른 인간의 도움을 필요로 해야 했는지, 그것이 원숭이나 늑대가 같은 종의 다른 동물의 도움을 필요로 하는 것보다 더 많은 이유가 있었는지를 상상하기는 어렵다. 설령 그런 필요가 있었다 해도, 다른 인간이 그를 도와야 할 동기는 무엇이었을까? 심지어 도움을 필요로 하는 자와 그 도움을 제공해야 하는 자가 어떻게 그들 사이에서 조건들에 대해 합의할 수 있었을까?

자연 상태의 인간은 선하거나 악할 수 없다

저술가들은 줄곧 인간이 이런 상태에 있었으면 매우 비참한 존재가 되었을 것이라고 말한다. 그러나 내가 입증했다고 생각하는 바대로, 그러한 상태에서 벗어날 욕구도 기회도 없이 여러 세기를 보낸 것이 옳다면, 그들의 주장은 자연을 비난하는 근거로 작용할 수는 있어도, 자연이 그렇게 만들어낸 존재에 대한 비난은 정당화할 수 없다.

그러나 내가 이 '비참함'이라는 단어를 제대로 이해했다면, 이 단어는 아무런 의미가 없거나, 고통을 동반한 결핍 그리고 육체나 영혼의 고통스러운 상태를 의미할 뿐이다. 이제 나는 알고 싶다. 정신은 완전한 평화를 누리고, 신체는 완전한 건강을 유지하는 자유로운 존재의 비참함이란 도대체 어떤 것일까? 그리고 이러한 상태를 누리는 인간들에게 더 견디기 어려운 것은 문명사회의 삶일까, 아니면 자연 상태의 삶일까?

문명사회에 살면서 자신의 삶에 대해 불평하지 않는 사람을 거의 찾아볼 수 없다. 심지어 많은 사람들이 가능한 한 이러한 삶에서 벗어나려 하며, 신성한 법과 인간의 법이 힘을 합쳐도 이러한 혼란을 통제하기 어렵다. 자유로운 야만인이 삶에 대해 불평하거나 스스로 목숨을 끊으려는 유혹에 빠졌던 적이 있었을까? 그렇다면 진정한 비참함이 어느 쪽에 있는지를 더 겸손하게 판단해야 한다. 반대로, 지식의 번뜩임에 현혹되고, 열정에 시달리며, 자신이 처한 상태와 다른 상태를 상상하며 고뇌하는 야만인만큼 불행한 존재는 없었을 것이다.

그가 잠재적으로 누리고 있던 능력들이 그것들을 발휘할 기회가 있을 때만 점차적으로 발전하게 된 것은 매우 지혜로운 섭리의 결과였다. 그 능력들이 그가 필요하지 않을 때는 그에게 불필요하거나 다루기 힘들지 않도록, 그리고 필요할 때는 지체되어 무용지물이 되지 않도록 하기 위함이었다. 그는 본능만으로도 자연 상태에서 살아가는 데 필요한 모든 것을 갖추고 있었고, 그가 개발한 이성은 겨우 사회에서 살아가기 위한 최소한의 것을 제공할 뿐이었다.

처음 보기에, 이 상태에서 사람들 사이에는 어떤 도덕적 관계도 없었고, 알려진 의무도 없었으므로 그들은 선하거나 악할 수 없었으며, 악덕도 미덕도 없었을 것이다. 물론 이 단어들을 물질적인 의미로 사용하여, 개인에게 해로운 성질을 악덕이라 부르고, 생존에 기여하는 성질을 미덕이라 부를 수는 있다. 그렇다면 우리는 자연의 단순한 충동에 가장 적게 저항하는 자를 가장 덕이 높은 사람으로 간주해야 할 것이다.

그러나 이러한 용어들의 일반적인 의미에서 벗어나지 않고 판단하려면, 우리는 먼저 그러한 상황에 대한 판단을 유보하는 것이 적절하며, 선입관을 경계해야 한다. 그러려면 우리는 저울을 들고, 문명화된 사람들 사이에 더 많은 미덕이 있는지 아니면 악덕이 더 많은지를 검토해야 한다. 또한 그들의 이해력 향상이 서로에게 해야 할 의무를 더 잘 알게 됨에 따라 서로에게 가하는 피해를 상쇄할 만큼 충분한지를 검토해야 한다. 또한 전체적으로 볼 때 그들이 서로에게 아무것도 기대하거나 두려워할 필요가 없는 상태에서 더 행복했을지, 아니면 모든 면에서 타인에게 종속되어 그들의 호의에 전적으로 의존하는 상태에서 더 행복했을지를 검토해야 할 것이다.

그러나 무엇보다, 홉스의 주장에 동의하는 것을 경계해야 한다. 그는 인간이 선의 개념을 가지고 있지 않기 때문에 자연적으로 악할 수밖에 없다고 결론짓는다. 인간이 미덕을 알지 못하기 때문에 악덕을 지닌다는 것, 자기 종족에게 어떤 봉사도 제공하지 않는 것은 그들에게 아무런 의무가 없다고 믿기 때문이라는 것, 그리고 자신이 원하는 모든 것을 정당하게 주장할 권리를 바탕으로, 어리석게도 자신을 우주의 소유자로 여긴다는 것이다.

홉스는 현대의 자연권에 대한 정의들에 존재하는 결함을 명확히 인식했지만, 그의 정의에서 도출된 결과는 그가 이해한 의미에서 볼 때, 똑같이 비판받을 여지가 있다는 것을 보여준다.

이 저자는 자신의 원칙에 따라 논증하려면, 자연 상태는 우리의 자기 보존이 타인의 보존과 가장 적게 충돌하는 상태이기 때문에 당연히 평화에 가장 유리하며, 인류에게 가장 적합한 상태라고 말했어야 한다. 그러나 그는 야만인이 자기 보존을 위해 추구해야 할 대상으로서 수많은 사회적 열망을 부적절하게 포함시킴으로써, 법이 필요하도록 만든 바로 그 열망을 인정하는 정반대의 주장을 내세운다.

홉스는 '나쁜 사람은 건장한 아이에 불과하다'고 말한다. 그러나 이것은 야만인이 건장한 아이임을 증명하는 것이 아니다. 설령 그렇다고 인정해도, 이 철학자가 그런 양보로부터 무엇을 추론할 수 있을까?

건장했을 때도 연약했을 때처럼 타인에게 의존했다면, 그가 저지르지 않을 만행은 없을 것이다. 어머니가 조금이라도 늦게 젖을 주면 아무렇지도 않게 때릴 것이며, 우연히 자신을 밀치거나 방해한 어린 동생을 망설임 없이 할퀴고, 물고, 목을 조를 것이다. 하지만 자연 상태에서 건장하면서 동시에 의존적이라는 것은 두 가지 모순된 가정이다. 인간은 의존적일 때 약하며, 건장해지기 전에 이미 자기 자신의 주인이 된다.

홉스는 야만인이 이성적 능력을 활용하지 못하게 하는 원인, 즉 법학자들이 주장하는 바를 고려하지 않았으며, 동시에 그들 스스로의 능력을 잘못 사용하지 못하게 하는 원인, 즉 자신이 주장하는 바도 고려하지 않았다. 그래서 우리는 야만인이 선이 무엇인지 모르기 때문에 나쁘지 않다고 말할 수 있다.

그들이 악을 행하지 못하게 막는 것은 이해력의 발달도 아니고, 법의 억제력도 아니다. 단지 그들의 열정이 차분하고, 악덕에 무지하다는 점이다. '악덕에 대한 무지가 미덕에 대한 지식보다 이들에게 더 유익하다'는 것이다.

게다가 홉스가 간과한 또 다른 원칙이 있다. 이는 특정 상황에서 인간의 맹목적이고 충동적인 자기애나 자기보존의 욕망을 조절하도록 부여된 원칙으로, 그러한 욕망이 생기기 이전부터 존재하며, 인간이 본능적으로 자신의 이익을 추구하는 열망을 완화시키는 원칙이다. 이는 자신과 닮은 존재가 고통받는 것을 본능적으로 혐오하는 감정에서 기인한다.

연민은 순수한 자연의 작용

인간에게 유일한 태생적인 미덕을 인정하는 것에 대해서는 반대 의견이 없을 것이라고 생각한다. 그것은 바로 '연민'이다. 이는 인간의 미덕을 가장 신랄하게 비판하는 사람조차도 부정할 수 없는 성향으로, 우리처럼 연약하고 수많은 고난에 취약한 존재들에게 적합한 성향이다.

이 미덕은 모든 형태의 성찰과 무관하게 작용하기 때문에 더욱 보편적이고 유익하다. 또한, 너무 자연스러워 동물조차도 때로는 연민을 분명히 드러내는 모습을 보인다.

어미가 새끼를 보호하려고 위험을 무릅쓰는 모습을 예로 들지 않더라도, 말이 살아 있는 생명을 짓밟기를 꺼리는 태도, 같은 종의 죽은 사체를 지나치면서 보이는 동물들의 동요는 이 성향의 증거이다. 심지어 어떤 동물들은 죽은 동료들에게 일종의 장례를 치러주기도 한다. 도살장에 들어서는 소들이 슬픈 울음

소리를 내는 것은, 그들이 그곳에서 마주친 끔찍한 광경이 얼마나 큰 충격을 주었는지를 여실히 보여준다.

〈꿀벌의 우화〉를 쓴 저자(버나드 맨더빌: Bernard Mandeville)가 인간을 연민과 감수성이 있는 존재로 인정하지 않을 수 없게 된 모습을 보니 기쁘다. 그가 이를 입증하기 위해 제시한 예시에서, 평소의 냉정하고 난해한 문체를 버리고 우리 앞에 감동적인 장면을 펼쳐 보이는 것이 인상적이다. 손이 묶인 채, 맹수가 어머니의 품에서 아이를 빼앗아가는 광경을 지켜볼 수밖에 없는 남자의 모습을 떠올려 보라. 맹수는 어린 희생자의 연약한 사지를 이빨로 물어뜯고, 발톱으로 살아 있는 내장을 찢어놓는다. 자신과 직접적인 관련이 없음에도, 이 사건을 목격하는 사람이 끔찍한 감정을 경험하지 않을 수 있을까? 기진맥진한 어머니나 숨이 끊어져 가는 아이를 도울 수 없다는 사실로 인해 엄청난 고통을 겪지 않을 수 있을까?

이것이 바로 모든 성찰 이전에 존재하는 순수한 자연의 움직임이며, 타고난 연민의 힘이다. 가장 타락한 풍습조차도 이를 완전히 소멸시키는 데 어려움을 겪어왔다. 매일같이 연극 무대에서, 비극적인 상황에 처한 이들에게 공감하고 그들의 고통에 눈물을 흘리는 사람들을 본다. 그러나 그들 중 일부는 만약 자신이 폭군의 자리에 있었다면 적의 고통을 더 악화시켰을지도 모른다.

맨더빌은 인간이 도덕성을 지녔음에도 불구하고, 자연이 연민을 통해 이성을 돕지 않았다면, 결코 괴물 이상의 존재가 될 수 없었음을 잘 알고 있었다. 그러나 그는 모든 사회적 미덕이 이런 연민에서 비롯된다는 점을 간과했다. 실제로, 관대함, 자비, 인류애란 무엇인가? 그것은 약자, 죄인, 또는 인간 전체에 대한 연민이 적용된 것에 불과하지 않은가?

올바르게 판단한다면 심지어 자비와 우정마저도 특정한 대상에 고정된 지속적인 연민의 결과로 보일 것이다. 어떤 사람이 고통받지 않기를 바란다는 것은 그가 행복하기를 바라는 것과 다르지 않다. 비록 연민이 단지 자신을 고통받는 자의 입장에 두는 감정일 뿐이며, 야만인에게는 모호하지만 적극적이고, 문명인에게는 발전되었으나 잠재되어 있는 감정이라 해도, 이러한 개념이 내가 주장하는 진실에 어떤 영향을 미칠 수 있을까? 오히려 그것을 더 명확히 할 뿐이다. 실제로, 연민은 고통을 목격하는 동물이 고통받는 동물과 자신을 동일시할수록 더욱 강력해질 것이다. 그리고 자연 상태에서는 이러한 동일시가 이성의 상태에 비해 훨씬 더 완전했음이 명백하다.

이성은 자기애를 낳고, 성찰은 자기애를 강화한다. 이성은 인간을 자기 안으로 움츠러들게 하고, 자신을 괴롭히거나 고통스럽게 할 수 있는 모든 것으로부터 거리를 두게 만든다. 철학은 다른 사람들과의 연대를 파괴하며, 그 가르침에 따라 고통받는 다른 사람을 보면서 혼자 중얼거리게 만든다.

"네가 어떻게 되든 나와는 상관없다. 나는 아무런 해를 입지 않는다."

온 인류를 위협하는 재앙이 아니고서는 철학자의 평온한 잠을 방해하거나, 침대에서 빠져나오게 하지 못한다. 누군가가 그의 창문 아래에서 다른 사람을 살해해도 그는 단지 귀를 막고, 내면에서 일어나는 자연스러운 동요가 그를 불행한 피해자와 동일시하지 못하도록 스스로를 설득하기만 하면 된다.

야만인은 이러한 뛰어난 재능이 없다. 그는 지혜와 이성이 부족해 어리석게도 인간애의 첫 번째 속삭임에 순종할 준비가 되어 있다. 폭동이나 거리 싸움이 일어나면, 군중은 몰려들지만 신중한 그 사람은 슬그머니 자리를 떠난다. 결국 싸움을 말리고, 서로의 목을 베지 못하도록 막는 것은 소위 하층민인 가난한 바구니 장수나 손수레를 끄는 여인들이다.

그러므로 연민은 모든 개인 안에서 자기애의 활동을 억제하여 전체 종의 상호 보존에 기여하는 타고난 감정이 분명하다.

바로 이 연민이 곤경에 처한 사람들을 보면 깊은 생각 없이 그들을 돕도록 재촉한다. 자연 상태에서 연민은 법, 예절, 미덕의 역할을 하며, 아무도 그 부드럽고 온화한 목소리를 거역하려는 유혹을 받지 않는다. 건장한 야만인이 다른 방법으로 생계를 마련할 가능성이 조금이라도 있다면, 이 연민은 언제나 고된 노력 끝에 생존 수단을 획득한 약한 어린이나 병든 노인을 약탈하지 못하도록 막아준다.

바로 이 연민은 '네가 남에게 대접받고자 하는 대로 남을 대하라'는 논쟁적인 정의의 고상한 격률(格率) 대신, 완전함은 덜할지언정 어쩌면 더 유용할 수 있는 '타인의 행복을 최대한 해치지 않으면서 자신의 행복을 추구하라'는 자연적 선의의 격률을 모든 사람에게 불어넣는다. 요컨대, 인간이 악행을 꺼리는 이유를 교육적 격률이 아닌 이 자연적 감정에서 찾아야 한다. 소크라테스와 같은 천재들이 이성적으로 미덕을 추구하는 특별한 행복을 누렸다고 해도, 인류의 보존이 개개인의 이성적 사유에만 의존했다면, 인류는 오래 전에 멸망했을 것이다.

열정이 이처럼 온순하고, 그러면서도 건전한 억제 수단이 있었기에 인간은 잔인하기보다는 거칠고, 다른 동물들에게 해를 끼치기보다는 해악으로부터 자신을 방어하는 데 더 주의를 기울였다. 그들은 서로 간에 어떤 소통도 하지 않았고, 따라서 허영심, 존경, 칭찬, 경멸이라는 개념에도 낯설었다.

또한, '나의 것(Meum)'과 '너의 것(Tuum)'이라는 개념, 그리고 정의라는 개념도 알지 못했다. 그들이 겪는 폭력은 쉽게 복구할 수 있는 악으로 여겼을 뿐, 벌을 받아야 할 부당함으로 간주하지 않았다.

복수라는 생각도 전혀 하지 않았으며, 복수한다 해도 기계적이고 무심결에 이루어지는 수준, 마치 던져진 돌을 물어뜯는 개와 같은 수준이었다. 그들의 다툼은 생존과 같은 사소한 이해관계로 인해 발생하는 경우를 제외하고는, 거의 피를 보는 일로 이어지지 않았다. 그러나 내가 언급하지 않고 넘어갈 수 없는 더 위험한 갈등의 원인이 있다.

자연 상태의 인간과 사랑이라는 열정

인간의 마음을 뒤흔드는 여러 가지 열정 중에는 성별간에 서로를 필요하게 만드는, 뜨겁고 격렬한 성질의 것이 있다. 이 끔찍한 열정은 모든 위험을 얕보고, 모든 장애물을 무너뜨리며, 그 격정 속에서 인간 종족의 보존이라는 임무와는 달리 파괴하는 데 적합한 것처럼 보인다.

제어되지 않은 야만적 격정에 휘둘리며, 수치심과 부끄러움도 없이, 매일같이 피를 대가로 욕망의 대상을 놓고 다투는 인간은 결국 어떤 모습이 될 것인가?

우선, 열정이 격렬할수록 그것을 억제하기 위한 법이 더욱 필요하게 된다는 점을 인정해야 한다. 그러나 이러한 열정이 매일 우리 사회에서 일으키는 무질서와 범죄는 법이 이를 억제하는 데 얼마나 부족한지를 충분히 증명한다.

여기서 한 발 더 나아가, 이러한 악이 법 그 자체와 함께 시작된 것은 아닌지 되돌아볼 필요가 있다. 이와 같은 상황이라면, 설령 법이 이 악을 억누를 수 있다 해도, 법 자체가 만들어낸 문제의 진행을 멈추는 것에 불과하므로, 법에서 기대할 수 있는 최소한의 역할일 뿐이다.

사랑이라 불리는 열정에서 도덕적 측면과 물리적 측면을 구별하는 것으로 시작하자. 물리적 측면은 성별 간의 결합을 촉진하는 일반적인 욕망을 의미한다. 반면, 도덕적 측면은 이 욕망을 특정 대상에 국한시키고, 다른 모든 대상을 배제하거나, 적어도 그 선호된 대상에 대해 더 큰 열정을 품도록 만드는 것이다. 도덕적 요소는 사회가 만들어낸 인위적인 감정이며, 여성들이 그들의 지배력을 확립하고 본래 순종해야 할 성별에 대한 통제권을 확보하기 위해 세심하고 능숙하게 이를 조장해 왔다는 것을 쉽게 알 수 있다.

이 감정은 야만인이 가질 수 없는 특정한 미와 가치의 개념에 기초하고 있으며, 그가 할 수 없는 비교에 근거하고 있기 때문에, 그의 마음속에는 거의 존재할 수 없다. 그의 정신은 결코 규칙성과 비례에 대한 추상적 개념을 형성할 수 있는 상태에 이르지 못했으므로, 그의 정신 역시 이러한 개념의 적용을 통해 의식하지 못하는 상태에서도 만들어지는 경외와 사랑의 감정을 느낄 수 없다. 그는 단지 자연이 그에게 심어준 본능에만 귀를 기울일 뿐, 결코 습득할 기회가 없었던 취향에는 귀를 기울이지 않으며, 모든 여성이 그의 목적에 부합한다.

사랑의 육체적인 측면에만 갇혀 있으며, 사랑에 대한 갈망을 자극하면서 동시에 그것을 충족시키기 어렵게 만드는 이러한 편애들을 몰라도 충분히 행복한 자연 상태의 인간은 그 열정의 발작이 더 적고 덜 격렬했을 것이다. 따라서 이로 인해 발생하는 갈등도 적고 덜 격렬했을 것이다. 우리 사회에 많은 혼란을 초래하는 상상력은 결코 야만인의 정신에 영향을 끼치지 않는다. 그들은 자연의 충동을 조용히 기다리며, 선택 없이 그 충동에 따르고, 분노보다는 더 큰 기쁨을 느낀다. 그들의 욕망은 필요가 사라지면 함께 소멸한다.

따라서 다른 모든 열정뿐만 아니라 심지어 사랑 자체에까지 인간에게 파멸적인 격렬한 열정을 더한 것은 오직 사회일 뿐이라는 사실은 명백하다. 야만인이 잔혹성을 충족시키기 위해 끊임없이 서로를 살해한다고 묘사하는 것은 더욱 터무니없는 일이다. 이러한 견해는 경험과 정면으로 배치된다.

자연 상태에 가장 가까운 사람들로 알려진 카리브인들이 실제로는 사랑 문제에 있어서 가장 평화로운 사람들이며, 이러한 열정을 더욱 활발하게 만드는 뜨거운 기후에 살고 있음에도 불구하고 질투심에 가장 적게 사로잡힌다.

수컷들이 암컷을 차지하기 위해 싸우면서 온 계절 내내 가금 사육장을 피로 물들이고, 특히 봄철에는 암컷을 차지하기 위해 벌이는 싸움으로 숲을 소란스럽게 만드는 몇몇 동물 종들에서 유추하려는 시도와 관련하여, 먼저 성별 간 힘의 관계가 인간과 명백히 다른 모든 종은 논의에서 제외해야 한다. 따라서 수탉들의 싸움에서 인간 종에 적용될 만한 유추를 이끌어낼 수는 없다. 성별 비율이 더 적절히 유지되는 종에서는 이러한 싸움이 암컷의 수가 수컷보다 적거나, 암컷이 수컷의 구애를 지속적으로 거부하는 특정 기간이 있기 때문에 발생한다고 봐야 한다.

만약 암컷이 일 년 중 단 두 달 동안만 수컷을 받아들인다면, 이는 암컷의 수가 실제보다 5/6 적은 것과 다름없다. 그러나 이러한 상황은 인간 종에게는 해당되지 않는다.

인간 종에서는 일반적으로 암컷의 수가 수컷을 초과하며, 심지어 원시 부족 사이에서도 암컷이 다른 동물들처럼 일정한 발정기와 냉담기를 갖는다는 관찰은 전혀 이루어진 바가 없다. 게다가 몇몇 동물 종의 경우, 특정 시기가 되면 종 전체가 한꺼번에 흥분 상태에 빠져 며칠 동안 혼란, 소란, 무질서, 유혈사태만이 목격된다. 그러나 사랑이 결코 주기적이지 않은 인간 종에서는 이러한 상태를 전혀 찾아볼 수 없다.

따라서 일부 동물들이 암컷을 차지하기 위해 벌이는 싸움이 자연 상태의 인간에게도 같은 양상으로 나타날 것이라고 결론지을 수는 없다. 설령 그렇게 결론지을 수 있다고 하더라도, 그러한 싸움이 다른 종을 멸종시키지 않듯이, 우리의 종에도 치명적이지 않을 가능성이 충분하다. 오히려 그러한 싸움이 사회에서 일어나는 파괴보다 덜 심각할 가능성이 크다. 특히 도덕이 여전히 어느 정도 존중받는 사회에서는 연인 간의 질투와 남편들의 복수가 매일같이 결투, 살인, 심지어 더 끔찍한 범죄를 낳는다. 영원한 충절의 의무가 간통을 부추기고, 금욕과 명예의 법률이 방종을 증대시키며 낙태를 늘리는 결과를 초래하는 것이다.

결론적으로, 숲속을 떠돌아다니며 노동도, 언어도, 고정된 거주지도 없이, 전쟁과 모든 사회적 관계와 무관한 야만인은 동료 인간의 도움을 필요로 하지도 않고, 그들을 해치려는 욕망도 없었으며, 심지어 그들을 개별적으로 구별하지도 못했을 것이다.

몇 가지 제한된 욕구만을 지닌 채, 자신의 필요를 충족하기에 충분한 자원을 스스로 발견했다. 따라서 그러한 환경에 있는 야만인은 그 상태에 적합한 지식이나 감정만을 지녔으며, 자신에게 실제로 필요한 것에만 민감하게 반응하고, 자신에게 이익이 되는 것만을 주목했으며, 그의 이해력은 그의 허영심만큼이나 발달하지 못했다고 결론지을 수 있다.

무언가를 발견했다 해도, 자신의 자녀조차 알지 못했기 때문에 그것을 전달할 수도 없었을 것이다. 그 기술은 발명가와 함께 사라졌고, 교육이나 개선도 없었다. 세대는 줄곧 이어갔지만 아무런 목표도 없었으며, 모두가 항상 같은 출발점에서 시작했기 때문에 수세기가 지나도록 인류는 첫 세대의 거칠고 야만적인 상태에 머물렀다. 종은 노화했지만, 개개인은 여전히 어린아이와 같은 상태에 머물렀다.

자연 상태의 인간들 간에는 불평등이 없다

원시 상태에 대한 가정을 이렇게 길게 논의한 이유는, 뿌리 뽑아야 할 오래된 오류와 뿌리 깊은 편견을 고려할 때, 자연 상태의 진정한 모습을 보여주는 것 그리고 이 상태에서조차 자연적 불평등이 저자들이 부여하는 현실성과 영향력에 얼마나 미치지 못하는지를 명확히 드러내야 할 의무가 있다고 생각했기 때문이다.

사실, 인간을 구별하는 차이점들 중 여러 가지가 자연적인 것으로 간주되지만, 실제로는 습관과 사회적 삶의 방식이 만들어냈다는 것을 쉽게 알 수 있다. 예를 들어, 강인하거나 섬세한 체질, 그리고 그에 따른 강약은 종종 원래의 신체 조건보다 단련된 방식 또는 나약한 방식으로 성장했느냐에 따라 결정된다.

정신적 능력도 마찬가지로, 교육은 교양 있는 사람과 그렇지 않은 사람 간의 차이를 만들 뿐만 아니라, 교육을 받은 사람들 사이에서도 그들의 문화적 수준에 비례하여 차이를 더욱 확대한다. 거인과 난쟁이가 같은 길을 간다면, 거인은 매 걸음마다 난쟁이에 비해 새로운 우위를 차지하게 될 것이다.

만약 문명사회의 다양한 계층에서 발견되는 교육과 생활 방식의 엄청난 차이를, 모든 개체가 똑같은 음식과 생활방식 그리고 정확히 똑같은 일들을 하는 동물과 야만인의 삶에서 나타나는 단순성과 균일성과 비교한다면, 자연 상태에서 인간들 간의 차이가 문명사회에서의 차이보다 훨씬 작을 수밖에 없다는 것을 쉽게 이해할 수 있다. 그리고 모든 제도적 불평등이 인간 종의 자연적 불평등을 더욱 증가시킨다는 것도 이해할 수 있다.

하지만 자연이 차별적으로 선물을 나누어준다 해도, 서로 아무런 관계도 맺지 않는 대상들 사이에서 그런 불공평에서 가장 많은 혜택을 받는 이들은 얻을 수 있는 이익은 무엇일까? 사랑이 없는 곳에서 아름다움이 무슨 소용이 있을까? 말을 하지 않는 사람들에게 재치가 무슨 쓸모가 있으며, 처리할 일이 없는 이들에게 뛰어난 기술이 무슨 소용이 있을까?

저자들은 끊임없이 가장 강한 자가 가장 약한 자를 억압할 것이라고 외치지만, 그들이 억압이라는 단어로 무엇을 의미하는지 설명하도록 해야 한다.

어떤 사람은 폭력을 통해 지배할 것이고, 또 다른 사람은 그의 변덕에 지속적으로 억눌려 신음할 것이다. 이것은 분명 우리가 사는 사회에서 관찰되는 모습이다. 그러나 이것이 야만인들에게 적용된다고 생각하지는 않는다.

야만인에게는 지배와 복종이라는 단어의 의미조차 주입하기 어려울 것이다. 물론 어떤 사람이 다른 사람이 모은 과일이나 사냥한 짐승, 그리고 피난처로 삼은 동굴을 빼앗을 수는 있다. 그러나 그가 어떻게 상대방에게 순종을 강요할 수 있을까? 그리고 아무것도 소유하지 않는 사람들 사이에 과연 의존이라는 족쇄가 존재할 수 있을까? 만약 어느 나무에서 쫓겨난다면, 그저 다른 나무를 찾으면 그만이다. 어느 장소가 불편하다면, 다른 곳으로 이동하는 것을 무엇이 막을 수 있을까?

이렇게 가정해보자. 내가 만난 사람이 나보다 훨씬 강하고,

게다가 극도로 사악하고 게으르며 잔혹해서 나를 억지로 그의 생계를 책임지게 만든다고 하자. 그렇게 하려면 한순간도 나를 감시에서 놓치지 않아야 하고, 그를 죽이거나 그의 눈을 피해 도망치지 못하도록 나를 단단히 묶어놓아야 할 것이다. 즉, 그가 조금이라도 눈을 떼는 순간, 나는 이미 숲속으로 도망가 있을 것이고, 다시는 나를 볼 수 없을 것이다. 이는 그가 나에게 주는 고통보다 훨씬 더 큰 불편을 자초하는 것이다. 결국 그가 경계를 조금이라도 늦추거나 갑작스러운 소리에 다른 곳으로 고개를 돌리기만 해도, 나는 이미 숲속으로 몸을 숨겨 족쇄를 풀고 다시는 그의 눈에 띄지 않게 될 것이다.

그러나 이러한 세부사항에 더 이상 얽매이지 않더라도, 누구나 알 수 있듯이, 노예 상태의 속박은 단지 인간 상호 간의 의존과 그들을 결속시키는 상호 필요에 의해 형성되기 때문에, 어떤 사람이 다른 사람을 노예로 만들기 위해서는 먼저 자신의 도움 없이는 생존할 수 없는 상태로 만들어야 한다. 이런 조건은 자연 상태에서는 존재하지 않으므로, 모든 사람은 자신의 주인이 되며, 강자의 법칙은 완전히 무의미하고 무용지물이 된다.

자연 상태에서 인간과 인간 사이에 존재할 수 있는 불평등은 거의 감지되지 않으며, 그 영향이 매우 미미하다는 것을 증명했으니 이제 그 기원을 밝히고, 인간 정신의 점진적인 발전 속에서 그 진행 과정을 추적해야 한다. 자연인이 잠재적으로 부여받은 완전성, 사회적 미덕 그리고 그밖의 다른 능력들은 스스로 계발할 수 없었다는 것을 이미 밝혔다. 이러한 능력들이 발달하기 위해서는 여러 외부 요인의 우연한 결합이 필요했으며, 그렇지 않았다면 인간은 영원히 원시 상태에 머물렀을 것이다.

이제 인간의 이해력을 완성시켰으나, 동시에 인간 종을 타락시킨 여러 사건들을 살펴보고, 이를 통해 인간을 사악하게 만든 동시에 사회적 존재로 변화시킨 과정을 종합적으로 검토할 것이다. 이를 통해 인간과 세계가 마침내 현재 우리가 보고 있는 지점에 어떻게 도달했는지 설명하고자 한다.

내가 설명하려는 사건들은 다양한 방식으로 일어났을 수 있음을 인정해야 한다. 내가 선택하여 제시할 사건들은 단순한 추측에 근거할 수밖에 없다. 하지만 이러한 추측들이 사물의 본질에서 도출될 수 있는 가장 개연성이 있는 유일한 방식일 뿐만 아니라 진리를 발견할 수 있는 유일한 수단일 때 이 추측들은 합리적인 근거가 된다.

내가 이 추론에서 도출하려는 결과들은 단순한 추측에 그치지 않을 것이다. 이미 확립한 원칙에 따르면, 내가 제시한 결과와 동일한 결론을 제공하지 않는 다른 체계를 구성하는 것은 불가능하기 때문이다.

이제 사건의 개연성이 부족한 점을 시간의 흐름이 어떻게 보완하는지, 중단 없이 작용하는 사소한 원인들이 발휘하는 놀라운 힘에 대해 더 간결하게 논의할 수 있을 것이다. 한편으로는 특정한 가설을 무너뜨리는 것이 불가능하지만, 다른 한편으로는 가설에 사실이 가져야 할 확실성을 부여할 수 없는 경우에 대한 논의도 포함될 것이다.

두 가지 사실이 실재하는 것으로 제시되었을 때 역사학은 이를 연결할 중간 사실들을 제공해야 하며, 역사가 침묵할 때 철학은 동일한 목적을 달성할 수 있는 유사한 사실들을 제시해야 한다는 논의도 포함될 것이다. 마지막으로, 사건들의 유사성이 허용하는 특권, 즉 사실들을 일반적으로 생각하는 것보다 훨씬 적은 수의 다양한 범주로 축소시키는 것에 대한 논의도 마찬가지다.

내가 제시한 내용을 심판관들의 판단에 맡기는 것으로 충분하며, 나는 일반 독자들이 이러한 문제를 숙고하는 수고를 덜수 있도록 조사를 진행한 것으로 만족한다.

제2부

최초로 땅에 울타리를 둘러치고 '이 땅은 내 것이다'라고 선언하며, 그 말을 믿을 만큼 순진한 사람들을 발견한 인간이야말로 시민 사회의 진정한 창시자였다. 그때 만약 누군가 말뚝을 뽑아내고 도랑을 메우면서 동료들에게 이렇게 외쳤다면, 인류는 수많은 범죄, 전쟁, 살인, 불행과 공포를 피할 수 있었을 것이다.

'이 사기꾼의 말을 절대 듣지 마라. 대지의 열매는 모두가 동등하게 누려야 하고, 대지 자체는 그 누구의 것도 아님을 잊으면 너희는 파멸할 것이다!'

그러나 상황이 이미 돌이킬 수 없는 지경에 이르렀고, 더 이상 같은 방식으로는 지속될 수 없었을 가능성이 매우 높다. 재산이라는 개념은 여러 선행 개념들에 의존하며, 이 개념들은 하나하나 차례로 서서히 등장했기 때문에 인간의 정신 속에 한순간에 형성된 것이 아니다.

인간은 상당한 진보를 이루어야 했고, 방대한 산업과 지식을 축적하여 이를 대대로 전수하고 확장해 나간 후에야 비로소 자연 상태의 최종 단계에 도달할 수 있었을 것이다. 그러므로 조금 더 거슬러 올라가, 이 느린 사건의 연속성과 정신적 발전을 가장 자연스러운 순서로 하나의 관점으로 모아보도록 하자.

다른 동물들보다 우월하다는 자각

인간의 첫 번째 감정은 자신의 존재에 대한 것이었고, 첫 번째 관심사는 그것을 보존하는 것이었다. 대지의 산물은 그가 필요로 하는 모든 도움을 제공했으며, 본능은 그것들을 활용하도록 이끌었다.

다양한 욕구들 가운데, 특정 시기에 특정한 방식으로 존재를 경험하게 하는 것들이 있었는데, 그중 한 가지는 자신의 종을 영속시키도록 자극했다. 이 맹목적인 성향은 순수한 사랑이나 애정과는 전혀 무관한 것이었으며, 단지 동물적인 행위만을 일으켰다. 일시적인 욕망이 가라앉으면, 성별 간의 관계는 더 이상 유지되지 않았고, 아이 또한 어머니의 도움이 더 이상 필요하지 않게 되는 순간 어머니와의 유대가 끊어졌다.

그러한 것이 초기 인간의 상태였으며, 처음에는 단순한 감각에만 의존하는 동물의 삶과 같았다. 자연이 제공하는 선물을 억지로 빼앗겠다는 생각은커녕 자연이 스스로 내어준 선물조차 온전히 활용하지 못했다. 그러나 곧 난관이 닥쳐왔고, 이를 극복하기 위한 학습이 필요해졌다. 예컨대, 열매를 따기 어렵게 만드는 나무의 높이, 같은 열매를 좋아하는 다른 동물들과의 경쟁, 그리고 자신의 생명을 위협하는 맹수들의 공격 등은 인간이 신체 훈련에 열중하도록 강요하는 환경이었다. 활동적이고, 신속히 움직이며, 싸움에서 강인해질 필요가 있었다.

돌과 나뭇가지 같은 자연적인 무기들은 곧 인간의 도구로 활용되었다. 그는 자연의 장애물을 극복하는 법을 배우고, 필요할 때 다른 동물들과 맞서 싸우며, 심지어는 다른 인간들과 생존을 놓고 다투는 방법도 터득했다. 또한, 더 강한 자에게 내어줄 수밖에 없었던 것을 잃은 경우, 이를 보상받는 방법을 익혔다.

인류가 점점 더 많아지고 그 활동 범위가 확장됨에 따라, 고통 역시 함께 늘어나고 심화되었다. 토양, 기후, 계절의 차이는 생활 방식에 변화를 주도록 강요했을 것이다.

흉작, 길고 혹독한 겨울, 땅의 모든 열매를 말려버리는 뜨거운 여름에는 특별한 노력과 끈기가 필요했다. 해안가나 강가에서는 낚싯줄과 낚시 바늘을 발명하여 어부가 되고 물고기를 먹는 생활을 시작했다. 숲에서는 활과 화살을 만들어 사냥꾼이자 전사가 되었다. 추운 지방에서는 사냥한 짐승의 가죽으로 몸을 덮었다. 천둥, 화산, 혹은 어떤 우연한 사건 덕분에 그들은 불을 알게 되었고, 겨울의 혹독함에 맞서는 새로운 자원이 되었다. 그들은 불을 보존하는 방법을 발견하고, 나아가 불을 재현하는 방법을 터득했으며, 마침내 그 불로 동물의 고기를 익혀 먹는 법을 알게 되었다. 이전까지는 동물의 사체에서 생고기를 그대로 먹던 삶과는 달라진 것이다.

다양한 존재들을 자신과, 서로에게 반복적으로 적용하는 과정은 인간의 정신 속에 특정한 관계에 대한 개념을 자연스럽게 형성했을 것이다. 우리는 이러한 관계를 크다, 작다, 강하다, 약하다, 빠르다, 느리다, 두렵다, 대담하다 등의 단어로 표현한다. 이러한 관계들이 때때로 거의 무의식적으로 비교됨으로써 인간에게 일종의 반성적 사고, 혹은 오히려 기계적인 신중함을 일깨워 주었으며, 이는 그의 생존과 안전을 위해 가장 중요한 예방책을 알려주었다.

이러한 발전에서 비롯된 새로운 깨달음은 자신이 다른 동물들보다 우월하다는 사실을 자각하게 함으로써 그의 우위를 더욱 강화했다. 동물들을 덫에 빠뜨릴 방법을 연구하고, 수많은 계략을 펼쳤으며, 비록 힘이나 속도에서 그를 능가하는 동물들이 있었지만, 결국 자신에게 유익한 동물들을 지배하고, 해를 끼칠 수 있는 동물들에게는 강력한 적이 되었다.

이렇게 해서, 처음으로 자신을 들여다본 순간, 그는 처음으로 자부심을 느꼈다. 또한, 존재의 다양한 계층을 거의 구별할 줄 모르던 때에, 자신의 종을 동물들 중 최상위에 놓으면서, 장차 자신의 종 안에서도 개별적으로 그 지위를 주장할 준비를 하게 되었다.

우리가 서로에게 그렇듯이, 다른 인간들은 그에게 중요한 존재가 아니었으며, 그들과의 교류는 다른 동물들과의 교류와 다를 바 없었다. 하지만 그의 관찰에서 배제되지는 않았다. 시간이 지나면서 자신과 자신의 짝 사이에서 발견할 수 있었던 유사점들을 다른 인간들과의 관계에서도 발견하게 되었고, 의식하지 못했던 것들을 판단하게 되었다. 또한, 비슷한 상황에서 그들 모두가 자신과 비슷한 방식으로 행동한다는 것을 보면서, 그들의 사고와 의지가 자신과 완전히 일치한다고 결론지었다.

이 중요한 진리가 그의 정신 속에 깊이 새겨지자, 그는 논리만큼이나 확실하면서 훨씬 신속한 직관에 따라, 자신의 안전과 이익을 위해 그들에게 적절히 취해야 할 최선의 행동 원칙을 따르게 되었다.

경험을 통해 행복을 향한 사랑이 모든 인간 행동의 유일한 원리임을 깨달은 그는 공동의 이익이 동료들의 도움을 기대할 수 있도록 정당화하는 몇 가지 경우와, 이익의 충돌로 인해 그러한 기대를 의심할 수 있는 더 적은 경우를 구별할 수 있게 되었다.

첫 번째 경우에는, 그는 같은 무리 안에서 함께하거나, 각 구성원에게 어떠한 의무도 부과하지 않고, 그 필요성이 사라질 때까지만 지속되는 일종의 자유로운 연합을 통해 그들과 협력했다. 두 번째 경우에는, 각자 자신의 사적인 이익을 추구했으며, 자신이 충분히 강하다고 여길 때는 공개적인 힘을 사용했고, 폭력을 사용하기에는 자신이 너무 약하다고 판단될 때는 교묘함과 수완으로 이를 도모했다.

이와 같은 방식으로, 사람들은 자신들 사이의 상호 의무와 그것을 이행하는 이점에 대한 대략적인 개념을 서서히 얻게 되었을 것이다. 그러나 이는 어디까지나 현재의 명확한 이익이 요구하는 범위 안에서만 이루어졌다.

그들에겐 예견력이 전혀 없었고, 먼 미래에 대해 고민하기는 커녕 다음 날에 대해서조차 거의 생각하지 않았다. 사슴을 잡기로 했을 때, 성공하려면 각자가 자기 자리에서 충실히 임무를 다해야 한다는 사실은 모두가 알았다. 그러나 만약 토끼 한 마리가 누군가의 손이 닿는 범위 안에서 빠져나갔다면, 의심할 여지없이 주저하지 않고 토끼를 쫓았을 것이며, 사냥감을 손에 넣은 후에는 자신 때문에 동료들이 사슴을 놓쳤다는 것에 대해 스스로를 탓하지 않았을 것이다.

우리는 이러한 상호작용이 까마귀나 원숭이들이 거의 비슷한 방식으로 무리를 지을 때 사용하는 언어보다 더 정교한 언어가 필요하지 않았음을 쉽게 상상할 수 있다. 불분명한 외침, 수많은 몸짓, 그리고 몇 가지 모방적인 소리들이 오랜 시간 동안 인류의 보편적인 언어였을 것이다. 여기에 각 지역에서 약간의 명확한 음성적, 관습적 소리를 결합함으로써 특정 언어들이 형성되었는데, 이는 내가 이미 언급했던 것처럼 그 기원을 설명하기 매우 어렵다. 하지만 이러한 언어들은 여전히 조잡하고 불완전하며, 오늘날에도 몇몇 야만 부족들 사이에서 발견되는 언어들과 거의 비슷한 수준이었다.

공동 생활과 언어의 사용

앞으로 내가 언급해야 할 방대한 내용, 거의 눈에 띄지 않는 초기 발전의 속도, 그리고 시간이 급격히 흘러가는 탓에, 내 펜은 수많은 세기를 화살처럼 스치고 지나간다. 앞으로 사건의 진행이 느릴수록 그것들을 묘사하는 속도는 더 빨라질 것이다.

결국, 이러한 초기의 발전은 인간이 더 빠르게 발전할 수 있는 토대를 마련해 주었다. 정신이 점차 더 계몽됨에 따라 기술은 더욱 정교해졌다. 사람들은 더 이상 첫 번째 나무 아래에서 잠들거나 가장 가까운 동굴에 몸을 숨기지 않게 되었고, 곧 삽이나 도끼를 닮은 단단하고 날카로운 돌들을 발견해 이를 사용하여 땅을 파고 나무를 베며, 그 나뭇가지들로 오두막을 짓기 시작했다. 이후 그 오두막을 흙이나 진흙으로 덮는 생각까지 하게 되었다. 이것은 첫 번째 혁명의 시기로, 가족의 형성과 구분이 이루어지고 일종의 재산 개념이 도입되었으며, 이와 함께 수많은 다툼과 전쟁이 발생했을 것이다.

그러나 가장 강한 자들이 처음으로 자신들을 방어할 수 있는 오두막을 지었을 것이라 추정할 수 있다. 따라서 약한 자들은 이들을 쫓아내려 하기보다 모방하는 것이 훨씬 더 빠르고 안전하다는 결론을 내렸을 것이다. 이미 오두막을 가지고 있는 사람들은 타인의 소유이기 때문이 아니라 자신에게 전혀 도움이 되지 않았기 때문에 이웃의 오두막을 빼앗으려는 욕심을 부릴 이유가 없었다. 게다가 그것을 차지하려면 현재의 거주자들과 격렬한 충돌을 감수해야 했기 때문이다.

감정의 초기 발달은 남편과 아내, 부모와 자녀를 한 지붕 아래에 모이게 하는 새로운 상황의 결과로 나타났다. 함께 생활하는 습관은 인간이 경험하는 가장 달콤한 감정, 즉 부부간의 사랑과 부모의 사랑을 탄생시켰다. 각 가족은 작은 사회가 되었고, 상호 애정과 자유가 유일한 유대였기 때문에 그 결속은 더욱 견고해졌다. 이때부터는 생활방식이 같았던 남녀가 서로 다른 태도와 관습을 채택하기 시작했다.

여성은 더 정착적인 생활을 하게 되어 집에 머물며 아이들을 돌보는 데 익숙해졌고, 남성은 가족 전체를 위한 생계를 구하러 바깥으로 나갔다. 두 성별은 또한 조금 더 편안하게 살면서 원래의 야만성과 강인함을 어느 정도 잃기 시작했다. 그러나 한편으로는 개인이 야생 동물과 개별적으로 맞설 능력은 줄어들었지만, 다른 한편으로는 이들이 함께 모여 공동으로 저항하기가 더 쉬워졌다.

새로운 상황 속에서 인간의 삶은 단순하고 고독하며, 욕구는 제한적이었다. 이러한 욕구를 충족시키기 위해 발명한 도구들을 사용하면서 한가한 시간을 많이 누리게 되었다. 이 여가 시간을 활용하여 조상들이 알지 못했던 여러 편의를 스스로 만들어내기 시작했으며, 이것은 자신에게 무심코 씌운 첫 번째 멍에이자, 자손들에게 마련해준 첫 번째 불행의 원천이었다.

이러한 편의들은 사용이 계속되면서 그 매력을 거의 모두 잃었고, 오히려 진정한 욕구로 변질되었다. 그 결과, 이러한 편의들을 잃는 것은 그것들을 소유하는 것이 주었던 기쁨보나 훨씬 더 견디기 어려운 불행이 되었다. 편의들을 잃는 것은 불행이었고, 소유하는 것은 더 이상 행복이 아니었다.

여기서 우리는 언어의 사용이 어떻게 자연스럽게 각 가정의 내부에서 시작되거나 발전하는지를 조금 더 잘 살펴볼 수 있다. 또한, 여러 특정한 원인들이 어떻게 언어를 전파하고, 매일 더욱더 필요하게 만들어 그 발전을 가속화했는지에 대해 추측해 볼 수도 있다. 예컨대, 대홍수나 지진은 거주 지역을 물이나 절벽으로 둘러싸 버렸으며, 지구의 변동으로 인해 대륙의 일부가 떨어져 나가 섬으로 분리되기도 했다.

이렇게 집단으로 모여 함께 살아야 했던 사람들 사이에서는, 광활한 대륙의 숲 속을 자유롭게 떠돌던 사람들보다 공통의 언어가 훨씬 빨리 나타났을 것이 분명하다. 따라서, 이러한 방식으로 형성된 섬들의 거주자들이 초기의 항해 시도를 통해 우리에게 언어의 사용을 전파했을 가능성이 크다. 더 나아가, 사회와 언어는 섬에서 시작되고 심지어 완성된 후에야 대륙의 주민들이 그것에 대해 알게 되었을 가능성이 매우 높다.

모든 것이 이제 새로운 모습을 드러내기 시작한다. 이전에 숲을 떠돌던 사람들이 더 정착된 생활방식을 채택함으로써 점차 서로 모여들어 여러 개별 집단으로 결속하고, 마침내 각 나라에서 고유한 성격과 생활방식을 공유하는 별개의 민족을 형성하게 된다.

이들은 어떠한 법이나 규칙에 의해서가 아니라, 동일한 생활

방식, 유사한 식량, 그리고 공통된 기후의 영향에 의해 결속된다. 지속적인 이웃 관계는 결국 서로 다른 가족들 사이에 필연적으로 일정한 연결고리를 만들어내게 된다. 자연에 의해 요구되는 일시적인 교류는 곧 인접한 오두막에 살고 있는 젊은 남녀들 사이에서 또 다른 종류의 교류를 만들어냈고, 이는 서로의 상호작용을 통해 더욱 지속 가능한 것으로 변모하게 된다.

공공연한 평가는 불평등의 시작

인간은 다양한 대상을 관찰하고 비교하기 시작하면서 점차 장점과 아름다움에 대한 개념을 획득하게 되고, 이는 곧 선호의 감정을 불러일으킨다. 서로를 자주 보게 되면서 항상 함께하지 못하는 것이 고통스러워지는 습관이 형성된다. 부드럽고 유쾌한 감정이 서서히 영혼 속으로 스며들지만, 약간의 반대에 부딪히면 그것은 격렬한 분노로 치닫게 된다. 사랑과 함께 질투가 불타오르고, 불화가 지배하며, 가장 온화한 감정조차 인간의 피를 요구하는 희생을 통해서만 진정된다.

사고와 감정이 상호 작용하며 발전함에 따라 이성과 감성이 단련될수록 사람들은 본래의 야성을 점차 벗어던지고, 그들 사이의 관계는 더 친밀하고 넓어지게 된다. 이제 그들은 커다란 나무 주위에 모이기 시작하며, 사랑과 여가의 진정한 산물인 노래와 춤이 남녀 모두의 오락거리, 아니면 오히려 주요 활동이 된다. 이렇게 근심 없이 모여든 사람들은 서로를 주목하기 시작하며, 자신이 주목받기를 원하게 된다. 이로써 공공연한 평가가 가치를 지니게 된다.

노래나 춤을 가장 잘하는 사람, 가장 잘생긴 사람, 가장 강한 사람, 가장 기민한 사람, 말솜씨 가장 좋은 사람이 가장 존경받게 된다. 이것이 불평등의 첫걸음이자 동시에 악의 시작이었다. 이러한 초기의 선호에서 한쪽에는 허영심과 경멸이, 다른 쪽에는 시기와 수치심이 생겨났으며, 이 새로운 요소들이 일으킨 혼란은 결국 행복과 순수함에 치명적인 영향을 미치는 결합을 낳게 되었다.

인간이 서로를 평가하고 존중의 개념을 알게 되자마자, 모두가 요구하기 시작했고, 다른 사람에게 존중을 거부하는 것은 더 이상 안전하지 않게 되었다. 이로부터 심지어 미개한 상태에 있던 사람들 사이에서도 예의와 공손함이라는 첫 번째 의무가 생겨났다. 또한, 의도적인 모든 해악은 단순한 피해를 넘어선 모욕으로 간주되었는데, 이는 피해자가 단순히 입은 해악뿐 아니라, 자신의 인격에 대한 경멸을 느꼈기 때문이다.

이 경멸은 해악 그 자체보다 더 견디기 어려운 것이었다. 따라서 각자는 자신이 부여한 자존심의 가치에 비례하여 다른 이가 자신에게 표현한 경멸을 처벌하게 되었고, 복수의 결과는 점점 무시무시해졌다. 이렇게 해서 인간은 피에 굶주리고 잔혹해지는 법을 배우게 되었다. 이는 우리가 알고 있는 대부분의 야만 사회가 도달한 수준이었다.

많은 저자들이 인간이 본질적으로 잔인하며, 이를 교화하기 위해 규범적인 경찰 제도가 필요하다고 성급히 결론을 내린 것은, 인간에 대한 본질적 개념을 제대로 구별하지 못하고, 이들이 본래의 자연 상태와 얼마나 멀리 떨어져 있는지를 간과했기 때문이다. 그러나 원초적 상태의 인간은 동물의 어리석음과 문명인의 해로운 이성 사이에서 자연에 의해 균형을 이루고 있는 가장 온화한 존재이다.

본능과 이성에 의해 위험으로부터 자신을 보호하는 데만 전념하도록 제한된 그는, 타인에게 해를 가하기는커녕, 자신이 입은 해조차 되갚으려는 경향이 거의 없다. 이는 철학자 로크(John Locke 1632~1704 : 사회계약설을 주장한 영국의 철학자, 경제학자)의 격언 '재산이 없는 곳에는 불의도 없다'는 말에 부합한다.

그러나 우리는 이제 형성된 사회와 인간들 사이에 새롭게 확립된 관계가, 인간이 본래의 자연적 상태에서 가지고 있던 성질과는 다른 자질을 요구했다는 점을 주목해야 한다. 도덕적 감각이 인간의 행위 속으로 점차 스며들기 시작하면서, 법이 제정되기 이전까지는 각자가 자신이 입은 해악의 유일한 판사이자 복수자가 되었다. 따라서 자연 상태에서 적합했던 순수한 마음씨는 초기 사회에는 더 이상 적합하지 않았다.

범죄를 저지를 기회가 더 빈번해짐에 따라 처벌은 이에 비례하여 더 엄격해질 필요가 있었고, 복수에 대한 두려움이 너무 약한 법의 억제력을 보완해 줄 필요가 있었다.

따라서 인간은 이전보다 인내심이 줄어들고, 타고난 연민도 어느 정도 변질되었지만, 이 시기는 인간 능력의 발달 과정에서 원시 상태의 나태함과 자기애에서 비롯된 경솔한 활동성 사이의 적절한 균형을 이루고 있었다. 이로 인해 이 시기는 가장 행복하고 가장 지속 가능했던 시대로 간주될 수 있다.

이 상태를 깊이 생각해볼수록, 우리는 이것이 혁명이나 격변의 영향을 가장 적게 받은 상태였으며, 인간에게 가장 적합한 상태였음을 확신하게 된다.

인간을 이 상태에서 벗어나게 할 수 있었던 것은 오직 어떤 치명적인 사고뿐이었으며, 그것은 공공의 이익을 위해서라면 결코 일어나지 않았어야 했다. 대부분 이 상태에서 발견된 미개인들의 사례는 인류가 본래 이 상태에 머물도록 만들어졌음을, 이 상태가 세계의 진정한 청년기였으며, 이후의 모든 발전이 겉으로는 개인의 완성을 향한 단계처럼 보였으나 실제로는 인류 전체의 쇠퇴로 나아가는 과정이었음을 보여주는 듯하다.

　인간이 소박한 오두막에 만족하며, 다른 동물들의 가죽으로 만든 옷과 이를 꿰매기 위한 가시나 물고기 뼈를 사용하는 정도에 그쳤을 때, 깃털과 조개껍질을 충분한 장식으로 여기고, 몸을 다양한 색으로 칠하며 활과 화살을 꾸미고, 날카로운 돌로 작은 낚싯배나 투박한 악기를 만들며 시간을 보냈을 때, 요컨대 한 사람이 혼자 완성할 수 있는 작업에만 몰두하고 여러 사람의 공동 노력이 필요한 기술에는 손대지 않았을 때, 그들은 자연이 허용하는 한에서 자유롭고, 건강하며, 정직하고 행복하게 살았다. 또한 서로 간에 독립적인 관계에서 오는 모든 즐거움을 계속 누렸다.

　그러나 한 사람이 다른 사람의 도움을 필요로 하기 시작한 순간부터, 한 사람이 두 사람의 몫에 해당하는 식량을 소유하는 것이 이점으로 여겨지기 시작한 순간부터, 모든 평등은 사라졌다. 재산이라는 개념이 등장했고, 노동이 필수가 되었다. 광활한 숲은 인간의 땀으로 적셔야 하는 들판으로 바뀌었으며, 그곳에서는 곧 땅의 열매와 함께 노예제와 고통이 움트고 자라나는 모습이 나타났다.

현재를 희생하여 미래를 얻겠다는 생각

야금술(冶金術)과 농업은 이런 거대한 혁명을 일으킨 두 가지 기술이었다. 시인의 관점에서는 금과 은이, 철학자의 관점에서는 철과 곡물이 인간을 문명화시키고 동시에 인류를 파멸로 이끈 원인으로 간주된다. 실제로, 이 두 기술 모두를 알지 못했던 아메리카의 원주민들은 바로 그 이유로 인해 항상 미개 상태에 머물렀다. 더 나아가, 다른 민족들 또한 이 두 기술 중 하나만을 사용하며 다른 하나를 사용하지 않는 동안에는 야만 상태에 머물러 있었던 것으로 보인다. 그리고 유럽이 다른 지역들보다 더 일찍 문명화되지는 않았더라도, 적어도 더 지속적이고 더 높은 수준의 문명을 유지할 수 있었던 가장 큰 이유 중 하나는, 유럽이 철이 가장 풍부하고 곡물을 가장 잘 생산할 수 있는 조건을 갖추고 있었기 때문일 것이다.

사람들이 철을 알게 되고 그것을 사용하는 기술을 터득하게 된 경위는 설명하기 매우 어렵다. 철광석을 채굴하여 제련하는 방법을 알기도 전에 그런 과정을 통해 무엇이 얻어질 수 있는지 알았을 것이라고 추정할 수는 없다. 반면에, 이 발견을 어떤 우연한 화재의 탓으로 돌리는 것도 설득력이 약하다. 광산은 건조하고 척박한 지역, 나무나 식물이 거의 없는 곳에서만 형성되기 때문이다. 이는 마치 자연이 이처럼 위험한 비밀을 우리로부터 숨기기 위해 애쓴 것처럼 보인다.

결국 남는 설명은 어떤 화산의 특이한 상황뿐이다. 화산이 금속 성분을 이미 용해된 상태로 분출함으로써, 이를 본 사람들이 자연의 이 과정을 모방하려는 생각을 떠올렸을 가능성이 있다. 그러나 그렇다 하더라도, 그들이 이처럼 고된 작업에 착수하고, 먼 장래에 이를 통해 얻을 수 있는 이점을 내다볼 수 있었으려면 비범한 용기와 예견력을 갖추고 있어야 했을 것이다. 이는 당시의 발견자들이 가졌을 것으로 추정되는 능력 수준과는 잘 어울리지 않는 자질이다.

농업에 관해서는, 그 원리가 실천되기 훨씬 이전부터 알려져 있었으며, 나무와 식물에서 생계를 유지하던 사람들이 식물이 번식하는 자연의 방식을 일찍부터 발견하지 않았을 리가 없다. 그러나 매우 오랜 시간이 지나서야 비로소 농업에 관심을 기울이게 된 것 같다. 이는 아마도 나무가 땅과 물속 동물과 함께 그들에게 충분한 음식을 제공하여 추가적인 관심이 필요하지 않았기 때문이거나, 곡물의 용도를 몰랐기 때문일 수 있다. 혹은 곡물을 경작할 도구가 없었거나, 미래의 필요를 대비하는 예견력이 부족했기 때문일 수도 있다. 마지막으로, 자신들의 노고로 얻은 결실을 다른 사람들이 빼앗아 가지 못하게 할 방법이 없었기 때문일 가능성도 있다.

우리는 사람들이 점차 부지런해지면서, 날카로운 돌이나 뾰족한 막대기로 자신들의 오두막 주변에서 몇 가지 콩류나 뿌리 식물을 경작하는 것으로 농업을 시작했으리라 믿을 수 있다. 그러나 곡물을 준비하는 방법을 배우고, 이를 대량으로 재배하기 위한 도구를 갖추기까지는 오랜 시간이 걸렸을 것이다. 게다가, 농업을 하고 땅에 씨를 뿌리기 위해서는 '현재의 것을 희생하여 미래에 더 많은 것을 얻겠다는 동의'가 필요하다. 이는 이미 언급했듯, 아침부터 저녁까지 자신의 필요조차 내다보기 어려운 미개 상태의 인간에게는 매우 이질적인 사고방식이다.

　이러한 이유로, 인간이 농업에 종사하게 만들기 위해서는 다른 기술들의 발명이 필요했을 것이다. 사람들이 철을 녹이고 단련하는 데 필요한 기술이 생기자, 이를 지원하기 위해 다른 사람들의 노동이 요구되었다. 제조업에 더 많은 인력이 투입될수록, 모두의 생계를 유지할 식량을 생산하는 손길은 줄어들게 되었지만, 여전히 식량을 필요로 하는 사람들의 수는 변하지 않았다. 철을 제공하는 사람들이 교환을 위한 물품을 요구하자, 나머지 사람들은 철을 이용해 물품의 생산을 늘리는 방법을 찾아냈다. 이로부터 한편으로는 경작과 농업이, 다른 한편으로는 금속 가공 기술과 금속 활용의 확대가 발전하게 된 것이다.

　땅을 경작함에 따라 필연적으로 그 분배가 뒤따랐고, 재산이 인정되자마자 최초의 정의의 규칙들이 생겨났다. 각자의 재산을 보호하려면, 모든 사람이 자신만의 소유를 가져야 했기 때문이다. 더욱이, 사람들이 미래를 내다보기 시작하고, 누구나 자신이 잃을 수 있는 크고 작은 재화를 소유하게 되면서, 각 개인은 자신이 타인에게 가한 피해로 인해 보복을 당할 가능성을 두려워할 이유가 생겼다.

이러한 기원은 매우 자연스러운데, 재산이 노동 외에 다른 어떤 원천에서 나올 수 있다고 상상하는 것이 불가능하기 때문이다. 인간이 스스로 만들지 않은 것에 재산권을 획득하려면, 거기에 추가할 수 있는 것은 자신의 노동 외에 무엇이 있겠는가?

오로지 손으로 한 노동만이 경작자에게 그가 경작한 땅에서 나온 생산물에 대한 권리를 부여하며, 이는 최소한 그가 그 열매를 거둘 때까지는 땅 자체에 대한 권리로 이어진다. 해마다 이러한 과정이 반복되면서, 이 사용권은 점차 지속적인 소유로 발전하고, 결국 재산으로 변형되기 쉽게 된다.

그로티우스(Grotius : 16세기 네덜란드의 법학자, 정치인)에 따르면, 고대인들이 케레스(Ceres: 고대 로마에서 곡물의 여신. 그리스에서는 데메테르)에게 '입법자(Legislatrix)'라는 칭호를 부여하고, 그녀를 기리는 축제에 '테스모포리아(Thesmorphoria: 고대 그리스 시대에 곡물의 여신을 기리는 제전)'라는 이름을 붙인 것은, 토지의 분배가 새로운 종류의 권리, 즉 자연법에서 비롯된 권리와는 다른 재산권을 탄생시켰음을 암시한다.

이와 같은 상황이 유지될 수 있었던 것은, 인간의 재능이 동등했을 경우, 그리고 예를 들어 철의 사용과 상품 소비가 항상 정확히 비례를 이루었을 때뿐이었다. 그러나 이러한 비례를 뒷받침할 기반이 없었기에, 그 균형은 곧 깨지고 말았다.

가장 강한 사람은 가장 많은 노동을 했고, 가장 능숙한 사람은 자신의 노동을 가장 효율적으로 활용했으며, 가장 창의적인 사람은 노동을 줄이는 방법을 발견했다. 한편 농부는 더 많은 철을 필요로 했고, 대장장이는 더 많은 곡물을 요구했다. 둘 다 똑같이 일했음에도 한쪽은 자신의 노동으로 큰 수익을 올린 반면, 다른 한쪽은 간신히 생계를 유지할 수 있을 정도였다.

다양한 신분과 지위의 확립

이렇게 해서 자연적 불평등은 점차 다양한 조합에서 발생하는 불평등과 함께 드러나기 시작한다. 사람들 사이의 차이는 그들의 환경에서 비롯된 차이에 의해 더욱 두드러지고, 더 지속적인 영향을 미치며, 개인의 조건과 동일한 비율로 영향을 미치기 시작했다.

상황이 이 지점에 이르렀다면, 그 이후의 전개를 상상하기는 어렵지 않다. 나는 다른 기술들의 연속적인 발명, 언어의 발전, 재능의 시험과 활용, 재산의 불평등, 부의 사용과 남용, 그리고 이로 인해 뒤따르는 모든 세부사항들을 설명하는 데 시간을 들이지 않을 것이다. 이러한 부분은 누구나 쉽게 떠올릴 수 있을 것이다. 나는 단지 새로운 질서 속에 놓인 인류의 모습을 간략히 살펴볼 것이다.

이제 모든 능력이 발달하고, 기억과 상상력이 작동하며, 자기애가 작용하고, 이성이 활성화되며, 정신이 도달할 수 있는 완성의 경계에 거의 이르게 된 모습을 보라. 타고난 모든 자질들이 발휘되고, 각자의 신분과 지위가 확립되었다. 이는 단순히 재산의 양이나 타인에게 이익을 주거나 해를 끼칠 수 있는 힘뿐만 아니라, 재능, 아름다움, 체력, 솜씨, 공로, 재능과 같은 요소에 의해서도 결정되었다. 이러한 자질들만이 존경을 불러일으킬 수 있었기에, 그것들을 소유하거나 최소한 소유한 척하는 것이 필요하게 되었다. 사람들은 자신들이 실제로 갖지 못한 자질을 가진 것처럼 보이려는 것이 필수가 되었다.

실질과 겉모습이 전혀 다른 두 가지가 되었고, 이러한 구분에서 화려함과 기만, 그리고 이와 관련된 모든 악덕이 생겨났다. 한편, 이전에는 자유롭고 독립적이었던 인간이 이제 수많은 새로운 욕구로 인해 모든 자연, 특히 그의 동료들에게 예속되었다. 어떤 의미에서는 동료들의 주인이 되면서 심지어는 노예가 되었다. 부자라면 그들의 봉사가 필요했고, 가난하다면 그들의 도움이 필요했다. 심지어 중간 계층조차 그들 없이는 살아갈 수 없었다.

따라서 자신의 행복을 다른 사람들에게 이해시키고, 실제로는 그렇지 않더라도 적어도 겉으로는 자신의 행복을 위해 일하는 것이 그들에게도 이득이 된다고 믿도록 만들기 위해 끊임없이 노력해야 했다. 이는 그로 하여금 일부 사람들과의 관계에서 교활하고 책략적이 되도록 했으며, 다른 사람들에게는 권위적이고 잔인하게 행동하도록 만들었다. 또한, 자신의 뜻에 복종하도록 두려움을 심어주거나 실질적인 대가를 치르지 않고는 그들의 협력을 얻을 수 없을 때, 필요에 따라 그들을 학대할 수밖에 없었다.

결국, 채워지지 않는 야망과 실질적인 필요가 아니라 단순히 타인을 압도하기 위해 자신의 상대적 지위를 높이고자 하는 욕망은 모든 사람에게 서로를 해치려는 악한 성향과, 더욱 위험한 은밀한 질투를 불러일으켰다. 이러한 질투는 자신의 목적을 더욱 안전하게 이루기 위해 자주 선의(善意)의 모습으로 가장하곤 했다.

요컨대, 한편에서는 서로 앞서기 위한 노력의 경쟁이, 다른 한편에서는 이해관계의 충돌이 끊임없이 벌어졌으며, 그 이면에는 언제나 타인의 희생을 통해 이익을 얻고자 하는 은밀한 욕망이 자리하고 있었다. 이러한 것들이 재산의 최초의 결과였으며, 초기 불평등에 필연적으로 따라온 현상이었다.

부를 나타내는 기호가 발명되기 전에는 인간이 소유할 수 있는 유일한 재화인 땅과 가축을 제외하고는 부를 구성하는 것이 거의 불가능했다. 그러나 재산의 종류와 범위가 확장되면서 전체 국가를 포함하고 서로 영향을 주게 되었을 때, 한 사람이 재산을 늘리기 위해선 반드시 다른 사람의 희생을 대가로 삼아야 했다.

그 결과, 자신의 차례에 이러한 재산을 확보하기에는 너무 약하거나 게으른 초과 인구는 아무것도 잃지 않고도 빈곤해졌고, 자신만 변하지 않는 동안 주변의 모든 것이 변했기 때문에 생존을 위해 부유한 사람들로부터 생존수단을 얻거나 강제로 빼앗아야만 했다.

이로부터 각자의 성격에 따라 지배와 예속, 혹은 폭력과 약탈이 나타나기 시작했다. 부유한 자들은 권력을 휘두르는 즐거움을 거의 처음 맛보자마자 다른 모든 것보다 우선시하게 되었고, 기존의 노예들을 이용해 새로운 노예들을 확보하며, 이제는 이웃을 정복하고 예속시키는 것 외에는 아무것도 생각하지 않게 되었다. 마치 인간의 살을 한 번 맛본 후 다른 모든 음식을 멸시하고 인간만을 잡아먹게 된 굶주린 늑대와도 같았다.

이렇게 해서 가장 강한 자들과 가장 비참한 자들은 각각 자신의 힘과 비참함을 다른 사람들의 재산에 대한 일종의 권리로 간주하며, 심지어 그것을 소유권과 동등하게 여기게 되었다. 그리고 한 번 깨진 평등은 곧바로 가장 충격적인 혼란으로 이어졌다. 이렇게 해서 부유한 자들의 강탈, 가난한 자들의 약탈, 그리고 모두의 억제되지 않은 욕망이 자연적 연민의 외침과 아직 미약한 정의의 목소리를 억누르며 인간을 탐욕스럽고, 사악하며, 야심만만하게 만들었다.

정의와 평화의 규칙을 만들다

가장 강한 자의 권리와 최초 점유자의 권리 사이에서 끊임없는 갈등이 발생하여 항상 폭력과 유혈 사태로 끝나곤 했다. 미숙한 사회는 가장 끔찍한 전쟁의 장이 되었고, 인간은 이처럼 타락하고 지치며, 더 이상 후퇴하거나 자신이 획득한 불행한 소유물을 포기할 수도 없었다. 결국, 본래 인간에게 영광을 가져다줄 능력을 남용하여 혼란을 초래하며, 인간 스스로를 파멸과 멸망의 직전으로 내몰게 되었다.

'새로운 불행에 놀라, 부자와 가난한 자 모두 자신이 바랐던 부를 피하고 싶어 하며, 방금까지 갈망했던 것을 이제는 증오하게 되었다.'

그러나 인간이 이토록 비참한 상황과 자신들에게 닥친 재난에 대해 곧 숙고하지 않을 수는 없었을 것이다. 특히 부유한 자들은 끊임없는 전쟁으로 인해 자신들이 얼마나 고통을 받는지 빨리 깨달았을 것이다.

그들은 이 전쟁의 모든 비용을 혼자 감당했고, 모두가 생명을 위협받는 상황에서도 재산을 잃을 위험은 오로지 그들만이 감수했다. 게다가 자신들의 강탈에 그럴듯한 명분을 부여하려 해도, 그러한 강탈이 본질적으로 거짓되고 불확실한 권리에 기반하고 있다는 사실을 충분히 인지하고 있었다.

단순한 힘으로 얻은 것은 다시 단순한 힘으로 다른 이들에게 빼앗길 수 있으며, 그러한 과정에 대해 불평할 여지가 조금도 없음을 깨달았던 것이다.

심지어 모든 재산을 자신의 노력으로 얻은 사람들조차, 그들의 소유권이 더 나은 명분에 근거한다고 주장하기 어려웠다. 그들이 '내가 이 벽을 세웠다. 이 땅을 나의 노동으로 얻었다'고 말해도, 다른 누군가는 '누가 그 땅의 경계를 정해주었단 말인가?

우리가 그 일을 하라고 강요한 적도 없는데, 왜 당신의 노동에 대한 대가를 우리에게 요구하는가?'라고 반박할 수 있었다. 또한, '당신의 형제들 중 많은 이들이 당신이 자연의 필요를 초과하여 소유한 것 때문에 고통받거나 심지어 목숨을 잃고 있다는 사실을 모르는가? 당신이 공공의 재산 중 자신의 생존에 필요한 부분을 넘어선 것을 소유하려면, 전 인류의 명확하고 만장일치의 동의를 받았어야 한다는 사실을 모르는가?'라는 비난도 피할 수 없었을 것이다.

명분을 정당화할 만한 합리적인 이유도, 자신을 방어할 충분한 힘도 없이, 개인들은 쉽게 억압할 수 있었지만, 다수의 힘에 의해 똑같이 쉽게 무너질 수밖에 없었다. 그는 모두를 상대로 혼자였고, 동료들과 연합하여 약탈이라는 공통된 희망으로 뭉친 강도들을 물리치려 해도 상호 간의 질투심 때문에 불가능했다. 이렇게 궁지에 몰린 부자는 마침내 인류 역사상 가장 교활한 책략을 구상했다. 그것은 바로 자신을 공격하는 그 힘을 이용해 적에 대항할 동맹을 결성하고, 그들에게 새로운 원칙을 주입하여, 자연법이 자신에게 불리했던 것만큼 자신의 주장에 유리한 새로운 제도를 받아들이게 하는 것이었다.

이런 관점에서, 서로를 적으로 만들고, 소유는 부담스럽기만하고 결핍은 견딜 수 없을 정도로 고통스러우며, 가난하거나 부자이거나 누구도 안전을 보장받을 수 없는 공포스러운 상황을 자신의 이웃들에게 제시한 뒤, 그들을 설득하기 위해 그럴듯해 보이는 논거들을 쉽게 만들어냈다. 그는 이렇게 말했다.

'우리 서로 연합하여 약자를 억압으로부터 보호하고, 야심가를 억제시키면서, 각자 자신의 소유를 안전하게 지킬 수 있도록 하자.

정의와 평화의 규칙을 만들어 모든 사람이 이를 준수하도록 하자. 이러한 규칙은 어떤 사람도 예외로 두지 않으며, 강자와 약자가 모두 상호 의무를 지키도록 함으로써 운명의 변덕에 대해 어느 정도 보상할 수 있을 것이다. 한마디로, 우리끼리 서로를 겨누던 힘을 멈추고, 그 힘을 모아 지혜로운 법으로 우리를 다스릴 주권적인 권력으로 삼아보자. 그 권력은 결사의 모든 구성원을 보호하고 방어하며, 공통의 적을 물리치고, 우리 사이에 영원한 화합과 조화를 유지할 수 있을 것이다.'

자연법을 대신해 민법을 따르다

이런 종류의 말 몇 마디로도 어리숙한 사람들을 쉽게 끌어들일 수 있었다. 그들은 속이기 쉬운 사람들이었으며, 서로 간의 다툼이 많아 중재자 없이는 살기 어려웠고, 지나친 탐욕과 야망 때문에 오래도록 주인 없이 지내기도 힘들었다. 모두가 자유를 확보하리라는 기대 속에 기꺼이 그 멍에를 받아들였다.

정치 체제가 가져올 이점을 이해할 정도의 판단력은 있었으나, 그것이 초래할 위험을 미리 알아볼 경험은 부족했다. 그들 중 부패를 예견할 능력이 가장 뛰어난 사람들은 오히려 그 부패로 이익을 얻으리라 기대하는 자들이었다. 심지어 가장 신중한 사람들조차도 자유의 한 부분을 희생하여 나머지 부분을 보장해야 한다고 판단했다. 이는 마치 사지에 심각한 상처를 입은 사람이 몸 전체를 살리기 위해 기꺼이 해당 부위를 절단하는 것과 같았다.

이것이, 인간에게 맡겨졌을 경우 반드시 그렇게 되었을, 사회와 법의 기원이다. 사회와 법은 약자의 속박을 강화하고, 부유한 자의 힘을 증대시키며, 자연적 자유를 돌이킬 수 없게 파괴했다. 또한 재산과 불평등의 법을 영구화하고, 교묘한 강탈을 정당한 권리로 바꾸었으며, 소수의 야심가들을 위해 나머지 인류를 영원한 노동과 예속, 그리고 비참함에 종속시켰다.

단일한 사회의 설립이 나머지 모든 사회의 설립을 절대적으로 필요하게 만들었으며, 결집된 힘에 맞서기 위해 나머지 인류도 차례로 연합할 필요가 있었음을 우리는 쉽게 상상할 수 있다. 이렇게 형성된 사회는 곧 급속히 증가하거나 확산되어, 지구 전역을 뒤덮을 정도에 이르렀고, 마침내 우주의 어디에도 그 멍에를 벗어던지고, 늘 머리 위에 매달려 있으면서 부당하게 집행되는 그 칼날로부터 벗어날 수 있는 곳은 없게 되었다.

이렇게 해서 시민들 사이에서는 민법이 공통된 규칙이 되었고, 자연법은 더 이상 통용되지 않게 되었다. 자연법은 다만 서로 다른 사회들 사이에서만 국제법이라는 이름 아래 암묵적인 합의로 조정되어 상호 교류를 가능하게 하고, 본래 개인에게 강한 영향을 미쳤던 자연적 연민의 자리를 대신하게 되었다. 그러나 자연적 연민은 점차 사회들 간에서는 그 영향력을 잃고, 이제는 자신을 세계 시민으로 여기며, 인류의 존재의 근원인 주권적 존재를 본받아 민족과 민족을 갈라놓는 가상의 장벽을 넘어 모든 인류를 박애의 대상으로 삼는 위대한 영혼들에게만 존재할 뿐이다.

여전히 서로 자연 상태에 머물러 있던 정치 집단들은 곧 개인들을 자연 상태에서 벗어나게 만들었던 그 불편함을 경험하게 되었다. 이런 상태는 이제는 이 집단을 구성하는 개인들이 이전에 겪었던 것보다 정치 집단에게 훨씬 더 치명적인 것이 되었다. 따라서 국가 간의 전쟁, 전투, 학살, 보복이 발생하게 되었고, 이는 자연을 몸서리치게 하고 이성을 경악하게 만들었다. 또한 이런 끔찍한 편견들은 인간의 피를 흘리게 하는 행위를 미덕과 명예로 여기도록 만들었다.

가장 훌륭한 사람들이 동료 인간의 목을 베는 것을 의무로 여기게 되었다. 결국, 사람들은 이유도 모른 채 수천 명씩 서로를 도살하기 시작했다. 단 한 번의 전투에서 저질러진 살육과, 단한 도시를 점령하며 벌어진 끔찍한 혼란은, 자연 상태에서 수세기에 걸쳐 지구 전역에서 벌어진 모든 폭력보다 더 빈번했고 더참혹했다. 이러한 일이 바로 인류가 여러 사회로 나뉘면서 초래된 초기의 결과들이다. 이제 그들의 제도로 다시 돌아가 보자.

자유를 지키기 위해 지배자를 만들다

나는 몇몇 저자들이 정치적 사회의 기원을 다르게 제시했던 것들을 알고 있다. 예를 들어, 강자의 정복이나 약자의 연합과 같은 것이다. 그러나 내가 앞으로 전개할 내용과 관련해서 이러한 기원들 중 어느 것을 채택하든 큰 차이가 없다. 하지만 내가 방금 제시한 기원이 다음과 같은 이유로 가장 자연스러운 것이라고 생각한다.

첫째, 정복의 권리가 실질적으로는 권리가 아니기 때문에, 그것은 다른 권리의 기초가 될 수 없다. 정복자와 피정복자는 서로에 대해 여전히 전쟁 상태에 있을 수밖에 없으며, 피정복자가 완전한 자유를 회복하고 스스로 정복자를 지도자로 선택하지 않는 한 그렇다.

그때까지, 그들 사이에서 어떤 합의가 이루어졌다 해도, 그러한 합의는 폭력에 근거한 것이었으며 따라서 사실상 무효였다. 이러한 가정 하에서는 진정한 사회도, 정치적 조직도, 강자의 법을 제외한 다른 어떤 법도 존재할 수 없었다.

둘째, '강자'와 '약자'라는 단어는 두 번째 경우에서 모호하기 때문이다. 재산권이나 선점권의 확립과 정치적 정부의 성립 사이의 시기에는, 이 용어들의 의미가 '가난한 자'와 '부유한 자'라는 표현으로 더 정확히 전달된다. 왜냐하면 법이 성립되기 전에는, 동등한 이들을 제압할 수 있는 유일한 수단이 그들의 재산을 침탈하거나, 자신들의 재산 일부를 양도하는 것뿐이었기 때문이다.

셋째로, 가난한 사람들은 잃을 것이 자유밖에 없기 때문에 유일하게 남은 축복을 아무 대가 없이 기꺼이 포기한다는 것은 지극히 어리석은 일이었을 것이다. 반면, 부유한 사람들의 재산은 모든 면에서 민감하게 영향을 받는다고 할 수 있으므로, 그들에게 피해를 입히는 것이 훨씬 쉬웠고, 따라서 이를 방어하는 것이 더욱 절실했을 것이다.

그리고 마지막으로, 어떤 것이 발명되었다면, 이익이 얻게 될 사람이 만들었을 가능성이 높지, 해를 입을 사람이 만들었을 가능성은 낮다는 점을 합리적으로 추정할 수 있기 때문이다.

정부의 초기 형태는 일정하거나 영구적인 틀이 없었다. 철학과 경험이 충분히 축적되지 못했기 때문에, 사람들은 현재의 불편함을 넘어 더 먼 미래를 내다보지 못했고, 문제를 미리 해결하려는 생각도 하지 않았다.

문제가 발생할 때마다 그에 맞춰 대응하는 방식으로만 해결되었다. 가장 현명한 입법자들의 노력에도 불구하고, 정치 체제는 여전히 불완전한 상태로 남아 있었는데, 이는 어느 정도 운에 의해 이루어진 결과였기 때문이다. 그 기초가 잘못 다져져 있었기 때문에, 그 결함을 드러내고 해결책을 제시할 시간은 충분했지만 근본적인 결함은 결코 고칠 수 없었다.

사람들은 끊임없이 보수 작업만 했지만, 훌륭한 건축물을 세우려면 스파르타의 리쿠르고스(Lycurgus : BC 8세기 스파르타의 전설적인 입법자)처럼 먼저 터를 깨끗이 정리하고 낡은 재료들을 제거하는 일부터 시작했어야 했다.

초기의 사회는 단지 모든 구성원이 준수하기로 맹세한 몇 가지 일반적인 합의로 이루어졌으며, 그 합의가 이행되도록 사회 전체가 각 개인에 대해 보증 역할을 했다.

경험을 통해 이러한 체제의 커다란 약점을 알게 되었고, 그것을 위반한 사람들이 잘못을 증언하고 판단할 유일한 주체인 대중의 눈을 피하여 유죄 판결이나 처벌을 쉽게 회피할 수 있다는 점이 분명해졌다.

법은 수많은 방식으로 무력화되었고, 불편과 혼란은 계속해서 늘어날 수밖에 없었다. 결국, 공권력에 대한 위험한 신뢰를 민간인에게 맡기고, 시민들에게 복종을 강제하는 일을 담당할 관료들에게 맡길 필요가 있다고 생각하게 되었다. 정치체가 형성되기 전에 지도자가 선출되었고, 법이 만들어지기 전에 법의 집행자가 존재했다는 주장은 너무 터무니없어 진지하게 반박할 가치조차 없다.

사람들이 처음부터 아무런 조건이나 대가 없이 절대적 지배자의 손에 자신을 맡겼다고 상상하는 것도 역시 비합리적이다. 질투심 많고 정복되지 않은 사람들이 공동의 안전을 위해 고안한 첫 번째 방법이 무모하게 노예 상태로 뛰어드는 것이었다는 생각은 설득력이 없다. 실제로, 그들이 지배자를 두었던 이유는 무엇이었을까? 억압으로부터 자신들을 방어하고, 생명과 자유, 재산 — 즉, 인간 존재의 근본적인 요소와도 같은 것들 — 을 보호받기 위함이 아니었을까?

사람과 사람 사이의 관계에서, 한 사람이 다른 사람의 재량에 따라 좌우되는 것보다 더 나쁜 일이 없다고 할 때, 그들이 지배자의 도움을 필요로 했던 유일한 것들을 지배자에게 먼저 넘기는 것은 상식에 어긋나는 일이 아니었을까? 그렇게 소중한 특권에 대해 지배자가 어떤 대가를 제시할 수 있었을까? 그리고 만약 그가 지켜주겠다는 명목으로 요구했다면, 즉각적으로 다음과 같은 우화 속의 대답을 듣지 않았을까?

'적에게 이보다 더 나쁜 대우를 받을 수 있을까?'

따라서 이는 논쟁의 여지가 없는 분명한 사실이며, 정치적 법칙의 근본 원칙이다. 사람들은 자신들의 자유를 지키기 위해 지배자를 두었지, 그들에게 예속되기 위해 그런 것이 아니라는 것이다. 플리니우스(Plinius : 고대 로마의 정치가)가 트라야누스(Trajanus : 재위 98~117, 로마 황제)에게 말했듯이, '우리가 황제를 두는 이유는 우리의 주인을 만들지 않기 위해서다.'

정치 사상가들은 자유에 대한 사랑을 논할 때 철학자들이 자연 상태를 논하는 것과 같은 방식으로 접근한다. 그들은 자신들이 본 것들을 바탕으로 한번도 본 적이 없는 전혀 다른 것들을 판단하며, 자신들 눈에 보이는 노예들이 멍에를 인내하며 짊어지는 모습을 보고 인간에게 노예 상태로 향하는 타고난 성향이 있다고 단정한다. 그러나 그들은 자유가 순수함과 미덕과도 같다는 사실을 간과한다.

자유의 가치는 그것을 소유한 사람들만이 알 수 있으며, 자유가 사라지면 그 가치를 느끼는 감각도 함께 사라진다. 브라시다스(Brasidas : BC 5세기경 스파르타 장수)가 스파르타인의 삶을 페르세폴리스(Persepolites : BC 6세기 페르시아의 왕궁)인의 삶과 비교하던 어떤 총독에게 이렇게 말했다.

'나는 당신 나라의 매력을 알고 있다. 하지만 당신은 내 나라의 기쁨을 알 수 없다.'

길들여지지 않은 망아지가 갈기를 세우고 땅을 박차며 굴레만 보아도 격렬히 반항하는 반면, 훈련된 말은 채찍과 박차를 묵묵히 견디는 것처럼, 야만인은 문명인이 아무 불평 없이 짊어지는 멍에를 결코 기꺼이 받아들이지 않으며, 고요한 복종보다는 폭풍 같은 자유를 더 선호한다. 따라서 노예 상태에 있는 국가들의 복종적인 성향으로 인간이 노예 상태를 자연적으로 수용하는지 아닌지를 판단해서는 안 된다. 오히려 억압으로부터 스스로를 지키기 위해 모든 자유로운 민족이 보여준 놀라운 업적을 통해 판단해야 한다.

나는 첫 번째 부류가 족쇄 속에서 누리는 평화와 안정을 끊임없이 찬양하며, '비참한 노예 상태를 평화라 부른다'는 것을 알고 있다. 그러나 다른 이들이 그 단 하나의 보석을 지키기 위해 — 그 보석은 그것을 잃어버린 사람들에 의해 너무나 경시되고 있지만 — 쾌락, 평화, 부, 권력, 심지어 목숨까지 희생하는 것을 볼 때, 태생적으로 자유로운 동물들이 포로 상태에 대한 본능적인 혐오로 감옥의 철창에 머리를 부딪혀 목숨을 끊는 것을 볼 때, 수많은 벌거벗은 야만인들이 유럽의 쾌락을 경멸하고, 굶주림과 불길, 칼날, 그리고 죽음조차도 두려워하지 않으며 그들의 독립을 지키는 것을 볼 때, 나는 노예에게는 자유에 대해 논할 자격이 없다고 느낀다.

자유는 양도할 수 없는 자연의 축복

부권(父權)에 관해서는, 절대 군주제와 모든 사회 체제를 여기에서 비롯되었다고 주장하는 사람들이 있지만, 로크나 시드니(Algernon Sidney: 17세기 영국 정치철학자)가 견해를 들먹이지 않더라도, 부권이 보여주는 온화함이 전제정치의 잔혹한 정신과는 완전히 다르다는 점을 지적하는 것만으로도 충분하다.

부권은 명령하는 사람의 이익보다는 복종하는 사람의 이익을 더 중시하는 권위이며, 자연법에 따르면 아버지는 자식이 도움을 필요로 하는 동안에만 지배할 권위를 가진다. 그 기간이 지나면 그들은 동등한 관계가 되며, 그때 아들은 아버지로부터 완전히 독립하여 복종할 의무는 없고 다만 존경의 의무만을 지닐 뿐이다.

감사(感謝)는 분명 우리가 반드시 행해야 할 의무이지만, 그것을 은혜를 베푼 사람이 강제로 요구할 수는 없다. 시민 사회가 부권에서 유래했다고 말하기보다, 오히려 부권이 시민 사회에서 그 주된 힘을 얻었다고 말해야 할 것이다.

어떤 한 사람이 여러 다른 사람들의 아버지로 인정받은 것은, 그들이 그를 중심으로 정착한 이후의 일이다. 아버지가 자신의 뜻대로 처분할 수 있는 재산은 자식들이 그에게 의존하도록 묶어두는 끈이다. 그는 자식들이 자신의 명령에 계속적으로 복종하며 관심을 받을 만한 자격을 얼마나 보여주었느냐에 따라 재산을 분배할 수 있다.

전제 군주의 신민들은 그로부터 어떠한 호의도 기대할 수 없을 뿐만 아니라, 그들 자신과 그들이 소유한 모든 것이 군주의 재산이거나 적어도 군주는 그렇게 간주하기 때문에, 자신의 재산 일부를 군주가 내어주는 것을 은혜로 받아들여야 한다. 군주가 그들의 것을 빼앗을 때는 정의를 행하는 것이며, 그들을 살려 두는 것은 자비를 베푸는 것이다.

사실과 권리를 이렇게 비교하는 방식으로 계속한다면, 전제 정치가 자발적으로 수립되었다는 주장에서는 진리뿐만 아니라 논리적 근거조차 발견할 수 없을 것이다. 또한, 한쪽만 구속되고, 한쪽은 모든 것을 걸고 다른 쪽은 아무것도 걸지 않으며, 구속된 자만 손해를 보는 계약이 정당하다는 것을 입증하기란 매우 어려울 것이다.

이 혐오스러운 체제는 오늘날에도 여전히 현명하고 선량한 군주들의 방식과는 거리가 멀며, 특히 프랑스 왕들의 경우 더욱 그렇다. 그들의 여러 칙령에서 확인할 수 있으며, 특히 루이 14세의 명령과 이름으로 1667년에 발표된 유명한 문서에서 분명히 드러난다.

'그러므로 군주가 자신의 왕국의 법에 구속되지 않는다고 말해서는 안 된다. 군주가 법에 구속된다는 것은 국제법의 원칙으로, 아첨이 이를 가끔 공격해 왔으나, 선량한 군주들은 항상 이를 자신의 왕국을 수호하는 신성한 원칙으로서 옹호해 왔다.'

플라톤의 지혜로운 말처럼, '국가의 완전한 행복은 백성이 군주에게 복종하고, 군주가 법을 따르며, 법이 공정하고 항상 공공의 이익을 목표로 할 때 달성된다'고 말하는 것이 훨씬 더 합리적이지 않을까?

나는 인간의 가장 고귀한 능력인 자유를 전적으로 포기하는 것이 인간의 본성을 타락시키고, 본능의 노예인 짐승과 동등한 수준으로 자신을 낮추며, 나아가 단지 광기 어린 혹은 잔혹한 군주를 만족시키기 위해 창조주의 가장 귀한 선물을 거부하고 그분이 금지한 모든 죄악을 저지르는 것이 그분을 모독하는 행위인지에 대해서는 깊이 논의하지 않겠다. 또한 이 숭고한 예술가가 자신의 작품이 파괴되는 것을 보는 것보다 치욕을 당하는 것을 보며 더 분노해야 할 이유가 있는지에 대해서도 논의하지 않겠다.

나는 단지 이렇게 묻고자 한다. 스스로 그렇게까지 타락시키는 것을 두려워하지 않았던 이들이, 어떻게 후손들에게 똑같은 치욕을 강요할 권리를 가질 수 있었을까? 또한 자신들이 베푼 것도 아닌 축복을 후손을 대신하여 포기할 권리를 가질 수 있었을까? 그 축복 없이는 살아갈 가치가 있는 사람들의 삶 자체가 무거운 짐으로 여겨질 수밖에 없지 않을까?

푸펜도르프는 우리가 계약과 협정을 통해 재산을 다른 사람에게 양도할 수 있는 것처럼, 자유도 다른 사람에게 양도할 수 있다고 주장한다. 하지만 내 생각에 이는 매우 부실한 논리이다. 우선, 내가 다른 사람에게 양도한 재산은 그 순간 나와 전혀 상관없는 것이 되어, 그 재산의 오용이 나에게 영향을 미칠 수 없다. 하지만 자유는 전혀 다르다.

내 자유가 남용되지 않도록 하는 것은 나에게 매우 중요한 문제이며, 내가 강제로 저지르게 될지도 모르는 범죄의 책임을 피할 수 없기 때문에, 스스로를 어떤 범죄의 도구가 될 위험에 노출시키는 것은 용납할 수 없다. 게다가, 재산권은 순전히 인간의 관습과 제도로부터 나온 것이므로, 모든 인간은 자신이 소유한 것을 마음대로 처분할 수 있다. 그러나 생명과 자유 같은 본질적인 자연의 선물에 관해서는 상황이 다르다. 이러한 것들은 모든 사람이 누릴 수 있도록 허락된 것이며, 적어도 어떤 사람이 그것을 스스로 포기할 권리가 있는지조차 의심스럽다.

정부는 자의적인 권력이 아니다

자유를 포기하면 우리의 존재를 격하시키는 것이며, 생명을 포기하면 우리의 존재를 완전히 소멸시키는 것이다. 그리고 이 두 가지 중 어느 하나라도 잃는 것을 보상할 수 있는 세속적인 즐거움은 없으므로, 어떤 대가로든 포기하는 것은 자연과 이성을 동시에 거스르는 행위가 될 것이다.

그러나 설령 우리가 자유를 재산처럼 양도할 수 있다 해도, 그것이 우리의 자녀들에게 미치는 영향은 전혀 다르다. 자녀들은 우리의 권리를 양도받음으로써 재산을 누리게 되지만, 자유는 인간으로서 자연으로부터 부여받은 축복이기 때문에 부모는 이를 자녀에게서 빼앗을 권리가 없다. 따라서 노예제를 확립하기 위해 자연에 폭력을 가해야 했던 것처럼, 그런 권리를 지속시키기 위해서는 자연을 왜곡해야만 했다. 그리고 노예의 자식은 태어날 때부터 노예로 태어난다고 진지하게 선언한 법학자들은, 다른 말로 하면 인간은 태어날 때부터 인간으로 태어나지 않는다고 판결한 것이다.

따라서 내게는 다음과 같은 사실이 명백한 진실로 보인다. 즉, 정부는 자의적인 권력에서 비롯된 것이 아니며, 자의적 권력은 정부의 부패와 극단적 형태일 뿐만 아니라 결국 정부를 다시 강자의 법칙으로 되돌리게 하는데, 정부는 원래 이러한 강자의 법칙에 대한 해결책으로 시작된 것이다. 설령 정부가 그러한 방식으로 시작되었다고 해도, 본질적으로 불법인 그러한 권력이 사회의 권리는 물론이고 당연히 제도적 불평등의 기반이 될 수는 없었을 것이다.

지금 여기에서 여전히 남아 있는 모든 형태의 정부에 대한 근본적인 협약의 본질에 대한 탐구는 하지 않을 것이다. 다만, 일반적인 견해를 따라 여기에서는 다수의 대중과 그들이 선출한 지도자들 간의 실제 계약으로서 정치적 단체의 설립에만 국한할 것이다. 이 계약은 양측이 서로 약정한 법률을 준수할 것을 약속하며, 이 법률이 그들의 연합을 묶는 끈이 된다.

대중은 사회적 관계를 형성하는 과정에서 그들의 의지를 하나로 모으게 되고, 이 의지가 표현되는 모든 조항은 국가의 모든 구성원을 예외 없이 구속하는 근본적인 법률이 된다. 이러한 법률 중 하나는 나머지 법률의 시행을 감독할 책임을 맡은 공직

자들의 선출과 권한을 규정한다.

　이 권한은 체제를 유지할 수 있는 모든 사항에 미치지만, 체제를 변경할 수 있는 사항에는 미치지 않는다. 이 권한에는 법과 그 집행자들을 존경할 수 있도록 만드는 명예가 부여된다. 행정관의 신분은 훌륭한 통치에 필수적으로 따르는 막대한 피로에 대한 보상으로서 특정한 특권들로 구별된다. 한편, 행정관은 그에게 맡겨진 권한을 구성원들의 의도에 따라 사용하고, 각 개인이 자신의 재산을 평화롭게 소유할 수 있도록 유지하며, 모든 경우에 공익을 자신의 사익보다 우선시할 것을 약속한다.

　이러한 체제에 불가피하게 따르는 권한 남용을 경험이 입증하거나, 인간 본성에 대한 깊은 통찰이 지적하기 전까지, 이 체제의 보존을 위해 임명된 이들이 가장 밀접하게 관련되어 있었으므로 더욱 완벽하게 보였을 것이다. 관직과 그 권리는 오로지 근본적인 법률 위에 세워졌기 때문에, 이 법률이 존재하지 않게 되면 관료들도 더 이상 합법성을 가질 수 없으며, 사람들은 더 이상 그들에게 복종할 의무가 없게 되며, 국가의 본질은 관료가 아니라 법률에 있는 것이므로, 체제의 구성원들은 즉시 본래의 자연적 자유를 되찾을 권리를 갖게 되기 때문이다.

　조금만 숙고해도 이 진리를 확인할 새로운 논거를 제시할 수 있을 것이며, 계약의 본질만으로도 그것이 철회 불가능하지 않다는 것을 확신시켜줄 것이다. 만약 계약 당사자들의 성실성을 보장하고 상호 약속을 이행하도록 강제할 수 있는 상위의 권력이 존재하지 않는다면, 각 당사자는 자기 자신의 사건에서 유일한 판단자가 될 것이며, 상대방이 계약 조건을 위반했거나, 그 조건이 자신의 사적 이익에 더 이상 부합하지 않는다고 판단하는 즉시 계약을 철회할 권리를 항상 가지게 될 것이다.

이 원칙에 따라 어쩌면 폐위(廢位)의 권리도 성립할 수 있을 것이다. 이제 이 제도에서 오로지 인간적인 측면만을 고려한다면, 모든 권력을 손에 쥐고 계약의 모든 이점을 독점하는 관료가 자신의 권위를 포기할 권리를 가지고 있다면, 그 관료의 잘못으로 인해 모든 대가를 치러야 하는 국민은 그에게 종속되기를 거부할 훨씬 더 정당한 권리를 가질 수 있을 것이다.

그러나 이처럼 위험한 특권으로 인해 필연적으로 발생할 수밖에 없는 무수한 충격적인 분쟁과 혼란은, 무엇보다도 인간의 정부가 단순한 이성만으로는 부족하며, 훨씬 더 견고한 기반이 필요하다는 점을 보여준다. 그리고 공공의 평화를 위해 전능자의 뜻이 개입하여 주권적 권위에 신성하고 침해 불가능한 성격을 부여하고, 이를 통해 백성들이 자신들이 원하는 대로 권위를 처분할 수 있는, 해로운 권리를 박탈하는 것이 얼마나 필요했는지를 잘 드러낸다. 인류가 종교로부터 다른 어떤 혜택도 얻지 못했다고 하더라도, 이 점 하나만으로도 종교를 받아들이고 소중히 여길 충분한 이유가 된다. 왜냐하면 종교가 광신적인 행위로 흘리게 한 피보다 더 많은 피를 구할 수 있는 수단이기 때문이다. 이제 다시 우리의 가설로 돌아가자.

법과 재산권의 확립이 불평등의 첫단계

다양한 형태의 정부는 구성원들 간의 불평등 정도에 따라 정치적 단체로 처음 결합되었을 때 결정되었다. 한 사람이 권력, 미덕, 부, 혹은 신용에서 두드러졌을 경우, 그는 단독 관료가 되었고, 국가는 군주제를 채택했다. 만약 비슷한 수준의 두드러진 인물들이 다수를 차지해 나머지 사람들보다 뛰어났다면, 그들이 공동으로 선출되어 귀족정이 형성되었다. 반면, 재산이나 재능의 차이가 크지 않았고, 자연 상태에서 덜 벗어난 사람들이라면, 이들은 최고 권력을 공동으로 유지하며 민주제를 이루었다.

시간이 흐르면서 이들 중 어떤 형태의 정부가 인간에게 가장 적합한지 증명되었다. 어떤 이들은 오로지 법에만 복종하는 상태를 유지했고, 다른 이들은 곧 지배자들에게 굴복했다. 전자는 자유를 지키기 위해 애썼고, 후자는 자신들이 잃어버린 축복을 다른 이들이 누리는 것을 시기하며, 이웃의 자유를 침해하는 것만을 생각했다. 한마디로, 부와 정복은 후자의 몫이 되었고, 덕성과 행복은 전자의 몫이 되었다.

이 다양한 정부 형태에서는 처음에 모든 관직이 선출제로 운영되었다. 부가 우세하지 않았을 때는 자연스럽게 우위를 제공하는 공로와 신중함을 낳는 조언의 원천이자 실행의 경험을 제공하는 연령에 우선권이 주어졌다.

히브리인의 원로들, 스파르타의 장로(Geront)들, 로마의 원로원(Senate), 심지어 우리의 단어 '시뇨르(seigneur)'(영주)의 어원에서도 백발이 과거에 얼마나 존중받았는지를 알 수 있다. 선거에서 노인들이 더 자주 선택될수록, 이를 반복해야 할 필요도 자주 발생했으며, 그러한 반복의 번거로움이 점점 더 뚜렷해졌다. 이로 인해 선거운동이 나타났고, 파벌이 생겨났으며, 양측 간의 반목이 심화되었다. 결국 내전이 발발하고, 시민들의 생명이 국가의 가상적 행복이라는 명목으로 희생되었으며, 결국 사태는 초기의 혼란 상태로 되돌아갈 위험에 처하게 되었다.

주요 인물들의 야망은 이러한 상황을 이용하여 지금까지 임시적이었던 직위를 자신들의 가문에서 영구화하려는 방향으로 나아가게 했다. 이미 의존에 익숙해지고, 안락과 생활의 편의를 당연시하며, 속박을 끊어낼 만큼의 기력을 잃어버린 사람들은 평온을 확보하기 위해 자신들의 노예 상태가 더 심화되는 것을 받아들였다. 이렇게 해서 지도자들은 세습적인 지위를 갖게 되었고, 관직을 가문의 재산처럼 여기며, 처음에는 단순히 관료에 불과했던 자신들을 공동체의 소유자로 간주하기 시작했다. 이들은 동료 시민들을 노예라 부르고, 그들을 마치 소나 양처럼 자기 재산의 일부로 간주하며, 스스로를 신들과 동등한 존재이자 왕 중의 왕이라 칭하게 되었다.

이러한 다양한 변혁 속에서 불평등의 진행 과정을 추적해보면, 법과 재산권의 확립이 그 첫 단계였음을 알게 될 것이다. 관료의 제도화는 두 번째 단계였으며, 세 번째이자 마지막 단계는 합법적 권력이 자의적 권력으로 전환되는 것이었다.

첫 번째 단계에서는 부유한 자와 가난한 자의 구분이 정당화되었고, 두 번째 단계에서는 강자와 약자의 구분이 생겼으며, 세 번째 단계에서는 주인과 노예라는 불평등의 최종 단계가 형성되었다. 이 마지막 단계는 이전 모든 단계가 결국 이르게 되는 지점으로, 새로운 변혁이 정부를 완전히 해체하거나 합법적 체제에 더 가까운 상태로 되돌리지 않는 한 지속된다.

이러한 과정의 필연성을 이해하려면, 정치 단체의 설립 동기를 고려하기보다, 이 단체들이 운영 과정에서 채택하는 형태와 본질적으로 수반되는 불편함을 살펴보아야 한다.

사회 제도가 필요하게 만드는 부패는, 동시에 그러한 제도의 남용을 피할 수 없게 만드는 원인이 되기도 한다. 일반적으로 법은 열정보다 덜 강력하여 사람들을 억제할 수는 있지만 본질적으로 변화시키지는 못한다는 점에서, (특히 어린이 교육에 중점을 두고, 리쿠르고스가 법이 거의 필요 없도록 하는 풍습과 관행을 확립한 스파르타를 제외하고는) 이를 통해 모든 변화와 부패를 철저히 방지하며 그 설립 목적을 엄격히 준수하는 정부라면, 애초에 필요하지 않았음을 증명하기는 어렵지 않을 것이다. 그리고 어느 누구도 법을 회피하거나 관직을 남용하지 않는 나라라면, 그곳에는 법도 관료도 필요하지 않았을 것이다.

정치적 구분은 필연적으로 시민적 구분을 동반한다. 국민과 지도자들 간의 불평등은 빠르게 심화되어 곧 개인 구성원들에게 체감되며, 이들은 자신의 열정, 재능, 그리고 상황에 따라 그것을 수천 가지 형태로 경험하게 된다. 관료는 불법적인 권력을 찬탈하려면 자신과 권력을 나누어야 할 추종자들을 만들어낼 수밖에 없다. 또한, 자유 국가의 시민들은 맹목적인 야망에 휩싸여 위를 보지 않고 아래를 바라보며 독립보다 권력을 더 사랑하게 되는 비율만큼 스스로 억압을 받아들이게 된다.

사람들이 속박에 복종하는 것은, 결국 자신들의 차례가 오면 다른 사람들을 더 잘 속박하기 위해서일 뿐이다. 지배하려는 의지가 없는 사람에게 복종하게 만드는 일은 결코 쉽지 않다. 그리고 가장 정교한 정책이라 해도 오직 독립만을 원하는 사람들을 굴복시키는 것은 불가능할 것이다. 그러나 불평등은 비열하고 야망에 사로잡힌 영혼들 사이에서 쉽게 자리를 잡는다. 이들은 언제나 운명의 위험을 감수할 준비가 되어 있으며, 운명이 그들에게 유리하든 불리하든 상관없이 지배하든 복종하든 거의 무관심하다.

따라서 분명히 어느 시점에는, 국민의 눈이 완전히 홀려 통치자들이 가장 비천한 사람에게 '너와 네 후손 모두 위대해지리라'라고 말하기만 해도, 그가 스스로뿐만 아니라 모든 사람의 눈에도 즉시 위대하게 보이던 때가 있었을 것이다. 그의 후손들은 그와의 거리가 멀어질수록, 그리고 그의 존재가 더 희미하고 불확실해질수록, 더욱 큰 권위를 갖게 되었다. 원인이 멀고 불확실할수록 결과는 더 커졌으며, 한 가문에서 무능한 후손들이 더 오래 이어질수록, 그 가문은 더 뛰어난 것으로 여겨졌다.

외부의 지배자를 막기 위해 내부의 폭군에게 억압받는 대중

여기가 세부사항을 논하기에 적절한 자리라면, 개인들이 하나의 단체로 결속되는 순간, 신용과 권위의 불평등이 어떻게 필연적으로 발생하는지 쉽게 설명할 수 있을 것이다. 이는 사람들이 서로를 비교하고, 각자가 이웃과의 지속적인 관계에서 발견하는 차이점을 인지하게 되는 과정에서 비롯된다.

이러한 차이점은 여러 종류가 있지만, 일반적으로 부, 귀족적 지위나 계급, 권력, 그리고 개인의 공로가 사회에서 사람들이 서로를 평가하는 주요 기준이 된다. 나는 이들 간의 조화 또는 갈등이 어떤 국가의 최초의 체제가 좋거나 나쁜지를 판단하는 가장 확실한 지표임을 입증할 수 있을 것이다. 또한, 이 네 가지 불평등 중에서 개인적 자질이 나머지 모든 불평등의 근원이 되며, 부는 결국 그들이 귀결되는 지점임을 보여줄 수 있다.

부는 개인의 번영에 가장 즉각적으로 유용하고, 전달이 가장 용이하기 때문에 다른 모든 구별을 사들이는 수단으로 활용된다. 이러한 관찰을 통해 우리는 어느 국민이 본래의 체제로부터 얼마나 멀어졌는지, 그리고 부패의 극단적인 단계에 이르기까지 아직 얼마나 남았는지를 비교적 정확하게 판단할 수 있다.

나는 우리가 모두 사로잡혀 있는 명예, 존경, 우선권에 대한 이 보편적인 욕망이 우리의 재능과 능력을 얼마나 시험하고 비교하게 만드는지, 또 그것이 우리의 열정을 얼마나 자극하고 증폭시키는지 보여줄 수 있을 것이다. 그리고 그것이 어떻게 인간 사이에 보편적인 경쟁심이나 적대감까지 불러일으키며, 같은 목표를 추구하는 수많은 사람들 사이에서 매일같이 얼마나 많은 좌절, 성공, 그리고 다양한 형태의 비극을 초래하는지도 설명할 수 있을 것이다.

주목받고자 하는 이 욕망, 스스로를 두드러지게 만들고자 하는 이 광기가 거의 단 한순간도 우리를 쉬게 하지 않는다는 사실을 보여줄 수 있을 것이다. 그리고 이로 인해 우리 사이에 존재하는 최선의 것들과 최악의 것들, 즉 우리의 미덕과 악덕, 우리의 과학과 오류, 우리의 정복자와 철학자들이 생겨났음을 밝힐 수 있을 것이다. 다시 말해, 아주 소수의 좋은 것들과 수많은 나쁜 것들이 이로부터 비롯된 것이다.

간단히 말해, 만약 우리가 소수의 부유하고 권력 있는 사람들이 운명과 위대함의 정점에 앉아 있는 동안 대다수의 사람들이 빈곤과 무명 속에서 허덕이는 광경을 본다면, 이는 단지 전자가 자신들이 누리는 것을 다른 사람들이 결핍된 만큼의 정도로만 가치 있게 여기는 탓일 것이다. 그리고 이들의 처지가 변하지 않는 한, 대중이 더 이상 비참하지 않게 되는 순간 그들도 더 이상 행복하지 않게 될 것임을 입증할 수 있을 것이다.

그러나 이러한 세부사항들만으로도 보다 방대한 작업의 충분한 재료가 될 것이다. 그 작업에서는 자연 상태에서 인간의 권리와 관련하여 각종 정부 형태의 장단점을 비교하고, 오늘날까지 불평등이 나타난 다양한 모습들과 앞으로 시간의 흐름과 함께 이러한 정부의 성격과 불가피하게 발생할 혁명에 따라 불평등이 어떤 형태로 나타날지를 밝힐 수 있을 것이다.

그렇다면 우리는 외부의 지배자를 막기 위해 취한 바로 그 조치들로 인해 내부의 폭군들에게 억압받는 대중을 보게 될 것이다. 억압은 점점 심화되지만, 억압받는 이들은 그것이 어디에서 멈출지, 혹은 그 진행을 막을 합법적인 수단이 무엇인지 알 수 없게 될 것이다. 우리는 시민의 권리와 국가의 자유가 서서히 소멸하고, 약자들의 탄식, 항의, 그리고 호소가 선동적인 불평으로 간주되는 모습을 보게 될 것이다.

우리는 정책이 공공의 대의를 수호하는 영예를 국민의 일부 용병 집단에만 국한시키는 모습을 보게 될 것이다. 그러한 조치로 인해 세금이 불가피해지고, 낙담한 농부가 평화 시기에도 자신의 들판을 떠나 쟁기를 내려놓고 칼을 들게 되는 광경을 보게 될 것이다. 우리는 명예와 관련하여 치명적이고 비상식적인 규칙들이 만들어지는 모습을 목격할 것이다. 조국의 수호자들이 결국 조국의 적이 되어, 동료 시민들의 가슴에 비수를 들이대는 일이 끊임없이 벌어질 것이다. 심지어 언젠가는 그들이 조국을 억압하는 자에게 이렇게 말하는 소리가 들릴지도 모른다.

만약 내게 형제의 가슴과 부모의 목에 칼을 꽂으라 명하고,
아이를 품은 아내의 배 속까지 찌르라 명하더라도,
나는 살아 있는 한 내 오른손으로 그 모든 것을 행하리라.

불평등의 최종 단계는 전제정치

신분과 재산의 극심한 불평등, 다양한 정념과 재능, 쓸모없는 예술과 해로운 기술 그리고 하찮은 학문들로부터 이성과 행복 그리고 미덕에 모두 반하는 온갖 편견들이 구름처럼 쏟아져 나올 것이다. 우리는 지도자들이 사회로 결속된 인간들을 분열시켜 약화시키는 모든 것을 부추기는 모습을 보게 될 것이다.

이로써 겉보기에는 조화로워 보이는 분위기를 사회에 제공하면서도 실제로는 분열의 씨앗을 뿌리는 모든 요소들이 생겨나며, 서로 다른 계층 사이에 불신과 증오를 심어 각자의 권리와 이익이 상충하게 하고, 결과적으로 모든 것을 포함하는 권력을 강화하는 것을 보게 될 것이다.

이러한 혼란과 변혁의 결과로 전제정치는 그 흉측한 머리를 서서히 치켜들고, 국가에 남아 있던 건전하고 순수한 모든 것을 집어삼키며, 마침내 법과 국민을 짓밟고 공화국의 폐허 위에 스스로를 세우게 될 것이다. 이 마지막 변화에 이르기 직전의 시기는 재난과 혼란의 시기가 될 것이다. 그러나 결국 모든 것이 이 괴물에게 삼켜지고, 국민은 더 이상 지도자도 법도 가지지 못한 채, 오직 폭군만을 상대하게 될 것이다.

이 비극적인 시점에서 미덕과 도덕에 대한 모든 존중은 사라질 것이다. 왜냐하면 전제정치는 '정의로운 일에서 아무런 희망도 보지 못하는 자'로서, 자신 외의 어떤 주인도 용납하지 않기 때문이다. 전제정치가 목소리를 내는 순간, 성실함과 의무는 모든 영향을 잃고, 맹목적인 복종만이 비참한 노예들에게 남겨진 유일한 미덕이 될 것이다.

이는 불평등의 최종 단계로, 우리가 출발했던 지점과 만나는 극단의 지점이다. 여기서 모든 개인은 더 이상 어떤 중요성도 가지지 않으므로 원초적 평등으로 돌아가게 된다. 또한, 백성들이 지배자의 법 외에는 아무런 법도 가지지 못하고, 지배자는 자신의 욕망 외에는 어떤 법도 따르지 않게 되면서, 선(善)에 대한 모든 개념과 정의의 원칙이 다시 사라진다.

여기서 모든 것이 다시 오직 강자의 법칙으로 돌아가며, 따라서 우리가 처음 출발했던 자연 상태와는 다른 새로운 자연 상태에 이르게 된다. 처음의 자연 상태는 순수한 상태였지만, 마지막 상태는 극단적인 부패의 결과이기 때문이다. 그러나 이 두 상태 사이에는 본질적으로 큰 차이가 없으며, 전제정치로 인해 정부의 계약이 거의 완전히 해체되었기 때문에, 독재자는 강자로 남아 있는 한에서만 주인일 수 있다. 그리고 그의 노예들이 그를 몰아낼 수 있는 순간, 독재자는 자신이 부당한 대우를 받았다며 불평할 권리조차 갖지 못한다.

술탄이나 전제정치의 죽음으로 끝나는 반란은, 전날 그가 신하들의 생명과 재산을 마음대로 처분했던 행위만큼이나 법적인 행위로 간주될 수 있다.

그를 지탱했던 것은 오직 힘이었으며, 그를 전복시키는 것도 오직 힘이다. 이처럼 모든 것은 자연스러운 순서에 따라 일어나고 성공한다. 이러한 급작스럽고 빈번한 변혁의 결과가 무엇이든, 누구도 타인의 부정에 대해 불평할 이유는 없으며, 오직 자신의 경솔함이나 불운에 대해 한탄할 뿐이다.

이처럼 인간이 자연 상태에서 시민 상태에 이르게 되었을 법한 잃어버리고 잊혀진 발자취를 발견하고 따라가며, 내가 방금 언급한 중간 단계들과 함께 시간 부족으로 생략하거나 상상하지 못한 단계를 복원함으로써, 주의 깊은 독자는 모두 이 두 상태를 분리하는 거대한 간격에 경탄하지 않을 수 없을 것이다. 바로 이 느린 과정의 연속 속에서 그는 철학자들이 해결하지 못하고 고심하는 수많은 도덕적·정치적 문제들에 대한 해답을 발견할 수 있을 것이다.

한 시대의 인간이 다른 시대의 인간과 같지 않다는 사실을 깨닫게 될 것이다. 디오게네스(Diogenes : BC 4세기경 그리스 철학자)가 사람을 찾을 수 없었던 이유는 동시대인들 가운데서 더 이전 시대의 인간을 찾았기 때문임을 알게 될 것이다. 또한 카토(Cato BC

234~149 : 고대 로마 정치가)가 로마와 함께, 그리고 자유와 함께 몰락한 이유는 자신의 시대에 맞지 않는 인물이었기 때문임을 이해하게 될 것이다. 그리고 가장 위대한 인간도, 500년 더 일찍 태어났더라면 기꺼이 복종했을 세계를 단지 놀라게 했을 뿐이라는 사실을 이해하게 될 것이다.

간단히 말해, 그는 인간의 영혼과 열정이 어떻게 미세한 변화로 인해 그 본성이 변화하는 듯한 과정을 이해할 수 있을 것이다. 시간이 흐름에 따라 우리의 욕구와 즐거움의 대상이 어떻게 변화하는지, 원초적 인간이 점차 사라지면서 사회가 더 이상 자연 상태의 인간이 아니라, 새로운 관계들 속에서 형성된 인공적인 인간들과 인위적인 열정들의 집합체만을 보여주며, 이 모든 것은 자연에 근거하지 않는 이유를 깨닫게 될 것이다. 이러한 통찰은 반성적 사색으로는 알 수 없는 것으로, 경험만이 완벽히 입증해주는 사실들이다.

타인의 평판 속에서 불평등은 시작된다

야만인과 문명인은 성향과 열정에 있어 근본적으로 너무나 달라서, 한쪽에서 최고의 행복을 이루는 것이 다른 쪽에서는 절망을 초래한다. 야만인은 오직 휴식과 자유만을 갈망하며, 단지 생존과 노동에서 벗어나기를 원할 뿐이다. 심지어 가장 확고한 스토아 철학자의 평정심조차도 야만인이 모든 다른 대상에 대해 가지는 완전한 무관심에 미치지 못한다. 반대로 시민은 항상 움직이며, 끊임없이 땀 흘리고 고된 노동을 하며, 더욱 고된 일거리를 찾아내기 위해 머리를 짜낸다. 그는 마지막 순간까지도 고된 노동의 노예로 남으며, 심지어 살아가기 위해 죽음을 추구하거나, 불멸을 얻기 위해 삶을 포기하기까지 한다.

그는 자신이 증오하는 권력자들에게 아첨하고, 경멸하는 부자들에게 굴종하며, 그들을 섬기는 영예를 얻기 위해 어떤 수단도 가리지 않는다. 그는 자신의 나약함과 그들이 제공하는 보호를 자랑스럽게 여기는 데 부끄러움을 느끼지 않으며, 자신의 속박을 자랑스러워하며 그 속박의 동반자가 될 영예를 갖지 못한 이들을 경멸적으로 말한다.

어떤 유럽 국가의 고위 관료가 겪는 고된 노동과 타인의 부러움을 받는 그 고역이 카리브 원주민의 눈에는 얼마나 기괴한 광경으로 비칠 것인가! 야만인은 선행을 베푸는 기쁨조차 누리지 못하는 그런 끔찍한 삶을 살기보다 차라리 온갖 고통스러운 죽음을 택하지 않았을까?

그러나 그러한 수많은 노고의 목적을 이해하려면, 먼저 그는 '권력'과 '명성'이라는 말에 어떤 의미가 부여되는지를 알아야 할 것이다. 그는 다른 사람들이 보내는 시선을 중요한 것으로 여기는 사람들이 있다는 사실을, 그리고 자신의 내적 증거보다 타인의 증언으로 인해 스스로를 행복하고 만족스럽게 여기는 사람들이 있다는 것을 깨달아야 할 것이다.

사실, 이러한 모든 차이의 진정한 원천은 야만인은 자기 내면에서 살아가는 반면, 시민은 끊임없이 자기 자신을 잃은 채 타인의 평판 속에서만 살아가는 데 있다. 다시 말해, 그가 자신의 존재를 인식하는 것은 오직 타인의 판단에서 비롯된다고 해도 과언이 아닐 것이다.

내 주제를 다소 벗어나지만, 이러한 성향이 어떻게 수많은 도덕적 담론에도 불구하고 선과 악에 대한 무관심을 낳는지, 모든 것이 겉모습으로 환원되면서 어떻게 단순한 기술과 허울로 전락하는지, 그리고 명예, 우정, 미덕, 심지어 우리가 결국 자랑하게 될 비밀인 악덕마저도 배우게 되는 과정을 설명할 수 있다. 또한, 우리가 누구인지를 끊임없이 타인에게 묻고, 이처럼 미묘한 문제에 대해 스스로 질문할 용기를 내지 못한 채, 그토록 많은 철학, 인간애, 예의범절, 그리고 숭고한 격언들 속에서도 결국 보여줄 수 있는 것은 기만적이고 사소한 외면뿐이라는 점, 즉 미덕 없는 명예, 지혜 없는 이성, 행복 없는 쾌락이라는 점도 논할 수 있다. 하지만 내가 증명하려는 데에는 이 정도로 충분하다. 즉, 이것이 인간의 본래 상태가 아니며, 오로지 사회의 정신과 사회가 만들어낸 불평등이 우리의 모든 자연적 성향을 이처럼 변화시키고 변질시킨다는 것이다.

나는 불평등의 기원과 발전, 정치적 사회의 설립과 그 남용을 인간의 본성에서 단순히 이성이라는 빛에 의지하여, 그리고 주권적 권위에 신성한 권리를 부여하는 신성한 격률들로부터 독립적으로 추론할 수 있는 한도 내에서 설명하려고 노력했다.

이 그림에서 도출되는 결론은, 자연 상태에서는 인간들 사이에 거의 불평등이 없으며, 우리가 현재 목도하는 모든 불평등은 우리의 능력의 발전과 이해력의 향상에 그 기원을 두고 있다는 것이다. 그리고 그것은 결국 재산과 법의 확립을 통해 영구적이고 합법적인 것으로 변모한다는 것이다.

또한, 단지 실정법에 의해 정당화된 도덕적 불평등은, 신체적 불평등과 동일한 비율로 결합되지 않는 한, 자연법과 충돌한다는 결론도 도출된다. 이 구분은 문명화된 모든 국가에서 관찰되는 이러한 종류의 불평등에 대해 우리가 어떻게 생각해야 하는지를 충분히 규정한다. 이는 유아가 노인을 지배하고, 어리석음이 지혜를 이끌며, 소수의 사람들이 사치품에 질식할 만큼 풍족한 반면 굶주린 대다수가 생존에 필요한 최소한의 필수품조차 결핍된 상황이 분명히 자연법에 반하는 것이기 때문이다.   .

부록 1: 루소의 생애

제네바에서 가난한 시계공의 아들로 태어났다

루소(Jean-Jacques Rousseau)는 1712년 스위스 제네바에서 가난한 시계공의 아들로 태어났다. 어머니가 그를 낳으면서 죽었기 때문에 아버지와 고모의 손에 자랐다. 아버지가 한 퇴역 장교와 싸우다가 칼을 휘두르는 사건이 발생하여, 제네바를 떠나야 했기 때문에 루소는 숙부에게 맡겨졌다. 이때 루소의 나이는 겨우 열 살이었다. 이후 열여섯 살 때 제네바를 떠나기 전까지 시골의 공작소에서 견습생 생활을 했다.

1728년 마침내 새로운 삶을 꿈꾸며 제네바를 떠난 루소는 제네바 주변 시골 농촌을 떠돌며 방랑생활을 했던 것으로 보인다. 방랑생활은 자연에 눈뜨게 되는 계기가 되었다(이후 루소는 걸어 다니는 여행을 즐겼으며 자연과 더불어 사는 삶은 죽을 때까지도 이어졌

바랑(Francoise Louise Warens) 부인
궁핍했던 청년시절의 루소를 카톨릭으로 개종시
키고 자신의 집에 기거하게 하면서 철학, 문학,
음악 등의 학문에 접할 수 있도록 후원했다.
훗날 루소는 다시 개신교로 개종하여 제네바의
시민권을 획득했다.

다). 이 시기에 가톨릭 교구 신부의 추천으로 루소의 생애에 가장 큰
영향을 끼친 바랑(Warens) 남작 부인을 만나게 된다. 이때 루소는 바
랑 부인의 추천으로 가톨릭으로 개종한다.

루소는 앙시에 있는 남작 부인의 집에 기거하면서 그녀의 후원 아
래 거의 독학으로 철학, 문학, 음악 등을 섭렵하며 지적 성장과 함께
정신적으로도 위안을 받는 생활을 하게 된다. 이때 볼테르의 저서를
모두 읽었다고 한다.

그러나 바랑 부인과 헤어지면서 1941년 루소는 아무런 연고도 없
는 상태로 파리로 왔다. 가난했던 그는 신학보다는 음악에 몰두하여
악보표기법을 정리하여 《현대음악론》을 출간하기도 했으나 특별한
성과는 없었다. 그러나 음악 가정교사 등을 하면서 파리의 유력인사
들과 사귀게 되고 뒤팽(Dupin) 부인의 후원을 받게 되었다. 그녀의

추천으로 베네치아 주재 프랑스 대사의 비서 업무를 하기도 했으나, 갈등을 빚어 그만두고 파리도 돌아왔다. 그 시기에 《정치제도론》과 《사회계약론》을 구상하기 시작한 것으로 보인다.

1744년경부터 루소는 프랑스의 대표적인 계몽주의 사상가 디드로(Denis Diderot 1713~1784)를 만나면서 파리의 지식인 그룹에 합류한다. 볼테르, 몽테스키외와 함께 당시의 학문과 기술을 집대성하여 출간하는 대규모 출판 사업인 《앙시클로페디(Encyclopedie)》(백과전서)의 편집에도 참여할 기회를 갖게 되었다. 여기에는 주로 급진적인 개혁론자들이 함께 했는데 루소도 이들과 사상적 견해를 같이 했다.

디종의 아카데미 현상 논문에서 최고상을 받다

루소가 사상가로서의 입지를 굳히게 된 것은 1750년 디종의 아카데미 현상 논문에 '학예론'이 최고상을 수여하면서부터이다. 루소는 자신의 자서전에 당시 디드로의 격려를 받고 글을 낼 수 있었다고 말한다. 이 글에서 루소는 인간이 자연과 교감을 하며 살았을 때는 선하고 행복했지만, 사회와 문명의 발전은 인간을 도덕적으로 타락시키고 있다는, 그의 주된 생각을 그려내고 있다.

이 생각은 곧 그의 두 번째 논문인 《인간 불평등 기원론》(1755년)

1762년 출간된 루소의 저서 《사회계약론》
사회계약설을 바탕으로 한 공화국을 주장하는
정치사상서이다. 왕권신수설을 부정하는 주장
으로 인해 비난과 박해를 받았다.

을 통해 한층 발전된 사고로 이어진다. 루소는 인간이 왜 불평등하
게 되었는지 그 기원에 대해 질문하며, 불평등이 자연법에 의해 정
당화될 수 있는지를 따진다. 인간의 불평등을 자연적인 것과 인위적
인 것으로 구분해 논하는데, 그가 문제 삼은 것은 인위적 불평등에
관해서였다. 즉 신분제도와 사유재산제도를 당연하게 여기고 있던
당시 사람들에게는 혁명적인 사상이었다.

앞선 사상가였던 홉스, 로크와는 달리 루소에게 인간은 본래 선하
며 자유로운 존재이지만 그러나 인간이 악하게 변하게 되는 것은 자
연의 산물이라기보다는 사회의 산물이라는 것이다.

루소는 이후 《정치경제론》《언어기원론》 등을 발표하면서 당대 지
식인들의 주목을 받기 시작했으나, 한편으로는 차츰 견해 차이를 보

이기 시작한다. 이때부터 백과전서파 철학자들이나 볼테르 등과도 소원해지기 시작했다. 특히 1758년에 발표한 '달랑베르에게 보내는 연극에 관한 편지'에서 연극의 사회적 기능에 대해 논한 이후 디드로와는 절교 상태에 이르게 된다. 루소는 연극이 시민들의 도덕성에 악영향을 끼친다고 반박했다. 희곡으로 명성을 얻은 볼테르는 연극의 목적은 계몽이며, 종교적 광신에 대항할 수 있는 수단으로 생각했기 때문에 루소에게 등을 돌리게 되었다. 1759년 볼테르는 루소의 '섭리에 관한 편지'에 대한 반박으로 《캉디드》를 발표했다.

이후 루소는 파리를 떠나 몽모랑 시 인근에 머물며 왕성한 저술 활동을 한다. 서간체 연애소설인 《신(新) 엘로이즈》와 소설 형식으로 쓴 《에밀》을 집필한 것도 이 무렵의 일이다. 특히 《신 엘로이즈》(1760년)는 대단한 성공을 거두어 파리와 제네바에서 널리 읽혔다. 그러나 이 책은 아이러니하게도 계몽주의 사상의 본질인 이성과 대립하는 낭만주의 문학이 발전하는데 큰 영향을 끼쳤다. 그러나 제네바 장로회의에서는 이 책이 위험하다고 생각했다.

루소의 책, 파리와 제네바 등에서 금서가 되다

그러나 1762년에 발표된 《사회계약론》과 《에밀》은 세상을 더욱 들끓게 했다. 《사회계약론》에서는 이상적인 국가체제, 즉 공화국에

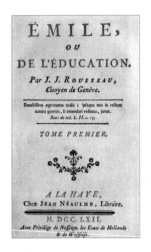

1762년 출간된 루소의 저서 《에밀》
아동은 어렸을 때부터 자연과 조화되는 삶을 발견
하도록 교육되어야 한다는 루소의 인간 중심의 교
육관이 드러나 있다.

대한 루소의 주장을 집약적으로 보여줌으로써 루소의 사상은 정치적
문제로 넓혀지고 있었다. 또한 《에밀》에서는 '본성적으로 선하게 태
어난 인간이 사회에 의해 타락하고 있다'고 주장함으로써 종교 집단
을 적으로 돌려놓았다. 루소는 인간에게 기독교의 교리가 필요한 것
이 아니고 '자연에 가까운 교육'이 필요하다고 주장하며 자연으로 돌
아갈 것을 역설했다. 종교 집단에게 이것은 성서의 권위를 부정하는
것으로 해석되었다.

파리의 소르본 대학에서 루소를 고발하고, 고등법원에서 《에밀》
에 대해 유죄선고를 내려 루소에 대한 체포명령이 내려졌다. 결국
루소는 고향인 제네바로 떠날 수밖에 없었다(루소는 그곳에서 다시
개신교로 개종했다). 《사회계약론》과 《에밀》은 제네바에서도 금서

루소를 후원한 에피네(Epinay) 부인.
파리 북쪽 몽모랑시의 에르미타주라는 별장
을 루소에게 제공했다. 루소는 자연으로 둘
러싸인 이곳에서 중요한 책들을 저술했다.

처분이 내려졌다. 사회계약론은 프랑스가 아닌 네덜란드에서 출간되
었으나 네덜란드에서도 금지되었다.

만년의 고독한 삶, 그러나 프랑스 대혁명의 사상적 지주

이후 루소는 제네바에서도 여론이 좋지 않아 다른 나라를 전전하
며 저작활동을 했다. 주로 자신을 옹호하는 내용의 글을 썼는데《고
백록》과《대화록–루소는 장 자크를 심판한다》등이다. 이 작품들에
서 자신의 도덕적 실수를 고백하며 스스로를 연민하는 모습을 보이
고 있다.

루소의 개인적인 삶은 평탄하지 않았던 것으로 보인다. 바랑 남

제네바에 있는 루소의 동상.
루소의 사상은 유럽 혁명의 기틀이 되었지
만, 그의 삶은 당대 사회로부터 수많은 비
난을 받아야 했다.

작 부인과 헤어진 후 호텔 세탁부였던, 테레즈 르바쇠르(Therese
Levasseur)와 함께 동거하다가 다섯 명의 아이도 낳게 된다. 이때 그
의 후원자는 에피네 부인이었다. 그녀는 루소에게 자신의 영지를 내
주었다. 루소는 이때 왕성한 집필활동을 했으며 《에밀》도 이때 집필
되었다.

말년의 생애는 그리 평온하다고 할 수 없었다. 파리와 제네바, 영
국을 오가며 도피생활을 해야 했으며, 사상적 동지였던 친구들과의
결별, 도덕적 비난 등으로 피해망상에 시달렸다. 파리에 숨어 살면
서 아르메니아인의 복장을 하는 등 기괴한 행동을 하기도 했다.

육체와 영혼이 모두 지친 루소는 마침내 자신과의 타협을 시도하
며 서정성 있는 작품 '고독한 산책자의 몽상'을 쓰기 시작했지만 완

성하지 못했다. 1778년 프랑스 파리 북쪽의 지라르댕 후작의 영지인 에르메농빌로 피신했다가 그곳에서 죽었다.

그러나 《사회계약론》에서 루소가 펼친 자유, 평등, 주권 사상은 미국독립선언(1776년)과 프랑스 대혁명(1789~1794)의 원동력이 되어 근대 민주주의의 기틀을 세우게 되었고, 1794년 루소의 유해는 프랑스 파리의 팡테옹(프랑스 역사에서 위대한 인물들을 모셔 놓은 국립묘지)으로 옮겨졌다.

한편 《에밀》에는 아이들은 어렸을 때부터 자연과 조화되는 삶을 발견하도록 가르쳐야 한다는 인간 중심의 교육관이 드러나 있었다. 이 책은 당시 유모에게 아이를 맡겨 기르던 프랑스 귀족 사회에 엄청난 파장을 일으켜, 결국 어머니들이 직접 모유를 수유하는 유행을 낳기도 했다. 또한 어릴 때부터 자연 속에서 신체활동을 하게 해야 된다든지, 아이들을 강보에 꽁꽁 묶어 두지 말고 몸을 뻗어 기지개를 시켜 주어야 한다는 등등의 자연주의 교육법이 18세기에 이미 루소로부터 시작되었다고 할 수 있다.

그러나 아이러니하게도 루소는 자신의 다섯 명의 자녀들을 고아원으로 보낸 것 때문에 냉혹한 비난을 받아야 했다. 그럼에도 불구하고 오늘날까지 《에밀》은 교육학의 명저로 손꼽히고 있으며 '자연으로 돌아가라'는 루소의 주장은 여전히 의미 있는 울림으로 전해지고 있다.

부록 2 :

《인간 불평등 기원론》이 제시하는 질문들

장 자크 루소(1712~1778)는 디종 아카데미에서 주최한 대회에
인간의 불평등에 관한 논문(제2차 논문)을 출품했다. 그는 이전 대
회(1750년)에서 과학과 예술에 관한 논문(제1차 논문)으로 1등상을
수상한 적이 있었는데, 이 대회 우승으로 유명세를 얻게 되었다. 하
지만 두 번째 논문은 대회에서 그다지 좋은 성적을 거두지 못했다.
1755년 내용을 보완하여 이 두 번째 논문을 다시 출간했다.

《인간 불평등 기원론》은 계몽주의 시대를 대표하는 철학적 기념
비 중 하나로, 인간 사회의 불평등에 대한 심오한 질문과 대답을 담
고 있다. 이 작품은 루소가 인간 본성과 사회 구조에 대한 근본적인
문제를 제기하며, 현대 정치철학과 사회 비판의 기초를 마련한 중요
한 저작으로 평가받는다.

1. 혁신적인 문제 제기

루소는 자연 상태와 문명화된 상태의 인간을 비교하며, 인간 불평등의 근원이 자연적 차이가 아닌 사회적·제도적 요인에서 비롯된 것임을 주장했다. 이는 인간의 사회적 불평등을 당연시하거나 신성화하던 당대의 통념에 도전하는 혁명적인 사상이었다.

그는 자연 상태에서 인간이 평등하고 자유로운 존재였음을 상정하며, 문명화 과정에서 생겨난 제도와 관습이 불평등의 씨앗을 뿌렸다고 본다. 이러한 논의는 기존 질서를 자연적 필연성으로 간주하던 사고방식을 전복하고, 불평등을 사회적 산물로 재해석하는 데 기여했다.

2. 정치철학과 사회계약론에 대한 기여

《인간 불평등 기원론》에서 제시된 인간관은 루소의 이후 저작인 《사회계약론》의 핵심적인 기초가 된다. 루소는 자연 상태에서 인간이 자유롭고 평등한 상태에 있었음을 강조하며, 문명화 과정에서 억압과 불평등이 발생했다고 주장한다. 이는 자유와 평등의 조화를 모색하는 현대 정치철학에 깊은 영향을 미쳤다.

루소의 논의는 현대 사회에서 여전히 중요한 문제인 개인의 자유와 사회적 평등 간의 균형을 고민하게 한다. 그의 사상은 민주주의, 사회주의 그리고 평등주의적 정치 이론의 기틀을 제공하며, 정치철학에 대한 기여로 평가받는다.

3. 불평등의 사회적 기원에 대한 분석

루소는 경제적 불평등뿐만 아니라 도덕적·정치적 불평등을 분석하며, 재산의 사유화와 법 제도의 정착이 불평등을 어떻게 영속화하고 정당화했는지를 설명한다. 그는 인간이 자연 상태에서 생존을 위해 협력하며 살았던 모습과, 문명화 과정에서 경쟁과 지배 구조가 형성된 과정을 대비시킨다.

이러한 분석은 현대 사회에서 구조적 불평등의 기원과 작동 방식을 이해하는 데 여전히 유효하다. 특히 루소의 통찰은 경제적 자본의 집중, 법 제도의 편향성 그리고 사회적 권력의 불균형을 비판적으로 검토하는 데 중요한 사상적 틀을 제공한다.

4. 문체와 서술의 설득력

루소의 글은 단순한 철학적 논증에 머무르지 않는다. 그의 문체는 풍부한 문학적 감수성과 강렬한 수사학을 통해 독자를 사로잡는다. 이러한 서술 방식은 그의 철학적 아이디어를 보다 쉽게 이해할 수 있게 하고, 철학적 논문을 넘어 광범위한 독자층에 영향을 미칠 수 있었던 이유이다.

그의 설득력 있는 글쓰기는 독자로 하여금 단순히 이론을 읽는 것이 아니라, 인간의 본성과 사회의 구조에 대한 깊은 성찰로 이끌어 간다. 이러한 점에서 루소의 문체는 철학적 논의를 대중화하는데 기여했다.

《인간 불평등 기원론》의 비판과 한계

1. 자연 상태의 가정에 대한 비판

루소의 자연 상태에 대한 가정은 철학적 추론에 기반을 두고 있으며, 실증적 증거로 뒷받침되지 않는다. 이는 그의 논의가 현실적이라기보다 이상적이라는 비판을 받는 이유 중 하나이다.

그의 가정은 철학적 상상력을 발휘하여 이상적인 상태를 상정한 것으로, 이를 통해 인간 불평등의 기원을 설명하고자 했다. 그러나 이러한 접근 방식은 구체적 경험과 역사적 사실에 대한 무시로 간주될 수 있다.

2. 역사적 서술의 제한성

루소는 재산 제도의 기원과 발전을 설명하는 과정에서 구체적 역사적 증거보다 추상적인 논리에 의존했다. 이로 인해 그의 서술은 철학적 비전으로서의 강점은 가지지만, 역사적 분석으로서는 한계를 가진다.

현대적 관점에서는 루소의 서술이 철학적 상징성을 넘어 실제 역사적 맥락에서 어떻게 적용될 수 있는지에 대한 추가적인 검토가 필요하다.

3. 급진성에 대한 논란

루소의 사상은 기존 권력 구조와 사회 질서를 근본적으로 도전했다. 이는 그의 시대와 이후의 정치적 맥락에서 급진적이고 불안정한 아이디어로 간주되어 논란을 불러일으켰다. 그의 논의는 혁명적이었으나, 때로는 지나치게 이상주의적이라는 평가를 받았다.

현대적 의의

루소의 《인간 불평등 기원론》은 단순히 18세기의 철학적 논의에 머무르지 않는다. 현대 사회에서도 불평등과 정의, 인간 본성에 대한 논의에서 중요한 참조점으로 남아 있다.

1. 학문적 평가

루소의 작품은 계몽주의 시대의 철학적 정수를 담고 있다. 그의 사상은 칸트, 헤겔, 마르크스와 같은 후대 철학자들에게 깊은 영향을 끼쳤다. 칸트는 '루소는 나의 철학적 눈을 뜨게 해 준 사람이다'

라고 언급하며 그의 도덕 철학에 루소의 사상이 큰 영향을 미쳤음을
인정했다. 헤겔은 루소의 사회계약론에서 역사적 발전과 자유의 변
증법적 논리를 읽어냈으며, 마르크스는 루소의 불평등 분석에서 계
급 구조의 기원과 작동 방식을 이해하는 중요한 단서를 발견했다.

2. 역사적 평가

루소의 사상은 프랑스 혁명에 직접적인 영향을 미쳤다. 로베스피
에르는 루소의 철학을 '혁명의 정신적 토대'로 칭하며, 그의 자유와
평등에 대한 사상이 프랑스 혁명 이념의 근간이 되었음을 강조했다.
《사회계약론》은 혁명적 이념을 형성하는 데 결정적인 역할을 했으
며, 혁명기 의회에서는 루소의 이름이 자주 인용되었다. 그의 사상
은 시민 주권과 공화주의의 원리를 강화하며, 현대 민주주의 체제의
철학적 토대를 마련했다.

3. 사회적 영향

루소의 작품은 현대 사회에서 구조적 불평등, 법 제도의 정당성,
그리고 자본주의 사회에서의 인간 소외 문제를 재조명하는 데 기여
하고 있다. 그의 통찰은 오늘날의 평등 운동과 사회 개혁 논의에서
도 중요한 참조점으로 작용한다. 또한, 그의 사상은 생태주의와 같
은 현대 철학적 논의에서도 자연과 인간의 조화를 고민하는 데 영감

을 제공한다. 톨스토이는 '루소는 진정한 자유의 가치를 일깨운 철학자였다'고 평가하며, 그의 사상이 단순한 철학적 논의에서 벗어나 실천적 가치까지도 지니고 있음을 강조했다.